元捜査一課刑事が
明かす手口

スマホで子どもが騙される

親の知らないＳＮＳ・
ネットの危険な世界

元捜査一課刑事
デジタル捜査班長
佐々木成三

青春出版社

プロローグ

スマホを「持たせない」から「安全に持たせる」へ

――10歳からのネットリテラシー

SNSやゲームがらみの子どもの被害者数が急増中！

今、かつてないほど家でスマホやゲームをして遊ぶ子どもたちが増えています。

私がある中学校で行ったアンケートでは、「オンラインゲームをやったことがある」中学1年生から3年生までの子どもたちは約8割もいました。

そのうち、「全然知らない人とゲームをやったことがある」と答えたのは約7割！

また、「知らない異性と直接連絡先を交換したことがある」と答えたのは1割弱でした。

また小学4年生から6年生の女子にアンケートをとったところ、「SNSで知り合った人と会ってみたい、会ったことがある」と回答した子どもはなんと56％もいたのです（情報セキュリティのデジタルアーツによるアンケート調査より）。おそらくこの子どもたちの親は、この事実をまったく知らないのではないでしょうか。

警察庁の「2019年（令和元年）の犯罪情勢」によると、SNSが原因で事件に巻き込まれた18歳未満の被害児童数は過去5年間で26・8％増え、過去最多の2095人となりました。

SNSがらみの犯罪は2013年以降増え続けていて、SNSなどを通じて知らない人と知り合うことをきっかけとして犯罪被害に巻き込まれる例も少なくありません。

また警察庁が2019年に全国の15歳以上の男女1万人を対象に実施したアンケートでは、「過去1年間にサイバー犯罪の被害に遭う恐れのある経験をした」と答えたのは28・9％、「過去1年間にサイバー犯罪の被害に遭った」と答えた人は13・7％もいたのです。

「子どもたちはなぜ、わざわざ犯罪者と接点を持つの？」

こんなふうに思う親御《おやご》さんも多いかもしれません。でもその**理由はただ1つ、「犯罪者だとは思っていないから」**。これにつきます。

SNSを介して被害に遭った子どもに、「どうして相手と会ったのか」と理由を聞くと、ほぼ3つの回答が返ってきます。

1つは「金品目的」、2つ目は「優しかった、相談に乗ってくれた」、3つ目が「交遊目的」です。

子どもたちは、知らない人と会うことがリスクだという認識がないのです。

もちろん、SNSを介して知り合う人すべてが悪人とは言いません。

しかし、大人に比べて圧倒的に社会経験が少なく未熟な子どもが、見ず知らずの人がいい人か悪い人かどうかなど、判断できるはずもありません。大人でさえ、知らない人と会って犯罪に巻き込まれている事実があるのですから。

被害に遭うとわかっていながら知らない人と会う子どもはいません。でも、現実に、被害に遭っている子どもは増え続けているということを、まずは知っておきましょう。

親の知らないスマホの危険な世界

「犯罪に遭っている子どもはごく一部で、ニュースで取り上げられているから目立つだけ」

「実際、犯罪に遭っている子より遭っていない子のほうが多いでしょ」

もちろん、その通りです。

でも本当に「うちの子は大丈夫」「今ゲームをしている（見知らぬ）相手は危険人物ではない」と言い切れるでしょうか。

私は埼玉県警の捜査一課でデジタル捜査班の班長をしてきました。

その経験の中で痛感したのが、被害に遭った子どもやその親は「犯罪に遭ってからでないと、ことの重大さに気づかない」ということでした。

根拠もなく「うちの子は大丈夫」と思っている親御さんもたくさんいらっしゃいます。お子さんを信頼することは大切です。

でも、わが子が自ら犯罪を犯すことはないとしても、犯罪に巻き込まれることは十分ありうるということを知っておいてほしいのです。

多くの人が、スマホの危険性について理解している〝つもり〟になっています。現代は「ダークウェブ（闇サイト）」に到達できれば、拳銃でもなんでも手に入る時代です。

また、「P活（＝パパ活）」や「PJ（＝パパ活希望の女子高生）」、「野菜（＝大麻）」「裏バイト」などの隠語を使い、ツイッターを介して援助交際やお小遣い稼ぎ、大麻・

薬物の取引などもおこなわれています。

中には自分のゲームデータをギフトカードと交換して売っている子もいます。

実は、子どものほうが大人よりずっと、そういった世界に詳しく、進んでいる、そんな時代なのです。

フィルタリングや制限をかけて安心だと思っていませんか？

私は1995年に警察学校に入学、22年間警察の仕事を務めました。そのうち10年間、捜査一課の刑事をしていました。スマートフォンの解析に長けていた部分があったため、そのうち5年間はデジタル捜査班の班長として、スマホ解析の仕事をメインにしていました。

デジタル捜査班がスタートした頃はまだ、人々のSNSに対する意識は低かったように思います。

ところが、個人情報や決済システムが連動しているSNSを乗っ取られる被害が多発し始めると、徐々にスマホに対する警戒心が高まっていきました。

1台のスマホの中には、実に数多くの個人情報が入り込んでいます。そうであるにもかかわらず、多くの人のリスク意識が低いような気がします。「ながらスマホ」をしている人は多いですが、これこそまさにパスワードが解除された状態！　お財布を見せびらかして歩いているようなものです。もしそのスマホを落としたら、どうなるのでしょう？

これからキャッシュレス化が進み、現金を持ち歩く人は減っていきます。今後、増加する犯罪はスマホのひったくりではないかと思うくらいです。

それだけでなく、子どもの場合は安易な投稿や写真のアップが思わぬ危険を呼び込むこともあります。

例えば**「電車が人身事故でストップ！　今日は学校に行けなくてラッキー」**と駅のホームの写真と共にＳＮＳに投稿したとしましょう。

ネットストーカーはこう考えます。

「この子は、この駅を利用しているんだ」

そして投稿時間を見れば、イコール通学時間というわけですから、「この子に会いに行くためには、この時間に張り込めばいい」となるのです。

今、リモート化が一気に進んでいます。学校でもオンライン授業が当たり前になっ

ネットストーカーはSNSを見てこう考える

③
花子　@hanako1225 - 2時間
電車が人身事故でストップ
今日は学校に行けなくてラッキー!(^^)!
②
①

①電車のデザイン→「花子ちゃんは○○線を使っているんだ」

②駅の案内板――→「花子ちゃんは△△駅を利用しているんだ」

③投稿時間――→「花子ちゃんは□時ころの電車に乗るんだ」

てくるでしょう。その中で子どもに、スマホの利用禁止や抑制を促すことは不可能です。

だからこそ、スマホを持った時点で、どのようなリスクにさらされるのか、事前にスマホの危険性を正しく知る必要があります。

それは親の世代にも言えることです。

有害サイトをブロックしたり、フィルタリング設定をしたりして技術的に防犯する方法（第2章で紹介します）はもちろん必要です。

その一方で、もはや「こうすれば安全だ」という時代ではなくなっているのも事実です。

あらゆる制限をかけ、安全対策をしているから大丈夫だと思っていませんか？

スマホを持たせなくても中古で安く買える、親が使っていないスマホをネットで使えることを、子どもたちは知っています。

どんなに大人が制限をしたりブロックをしたりしても、最終的に画面をタップして、行動を起こしているのは子ども自身だということを忘れないでください。

多くの事件は、子ども自身の〝行動〟が起こしているのです。

交通ルールを教えるようにネットリテラシーを教えよう

複雑なネット社会、ＳＮＳの危険性から子どもを守るためにはどうすればいいのでしょうか？

突然ですが、ここで大人である皆さんに質問です。

車の危険から子どもを守るために、複雑な交通ルールを誰が教えていましたか？

子どもが一人で自転車に乗って通学しているのは、親が小さいときから日常生活の中で交通安全教育をしていたからですよね。

「車は危険」「信号をわたるときは注意する」

道路の真ん中を歩いている子どもはいません。当たり前のことかもしれませんが、親も交通安全の大切さを理解しているからこそ、子どもに伝えることが可能だったはずです。そして何気ない日常会話で伝えていたことを、子ども自身も理解して、習慣化できるようになっていったのです。

それはネットという複雑な世界でも同じこと。

交通安全のルールを教えるように、ネット社会の安全ルールを教えてあげなければいけません。ただ、親がネットの危険性を明確に知らなければ、子どもに教えることはできません。

それどころか、小さいころからスマホやタブレットに親しんでいる子どものほうが、扱いに慣れているのではないでしょうか。その結果、ネット情報がどんどん頭の中に入り込み、何が正しくて何が悪いことなのか、何が推測で、何が客観的な事実なのかわからなくなってしまいます。

どんなにスマホの使い方に慣れていても、子どもたちはこういった情報をフィルタリングする能力が欠けています。

間違っている情報を正しいと思い込み、逆に正しい情報を間違っていると勝手に判断してしまうと、社会的な混乱が発生する可能性が高まります。

ネットの情報は玉石混交《ぎょくせきこんこう》です。その情報源があいまいなものもあります。このことを理解した上で、調べる癖が備わっていないと、大きな誤りを起こしてしまいかねません。

フォロワー数が多いから、「いいね」がたくさんついているから、みんながやっているから、正しいことだと思い込むのは大変危険です。

「情報弱者」は騙される時代

とくに日本の子どもたちは目に見えない「同調圧力」に弱いといわれ、これがSNSによって悪用される恐れがあります。

答えをネットで探すことが習慣になり、思考力をまったく動かせないまま、皆が同調してしまう仕組みがあるのです。

とくに子どもたちには、「わからない」という選択肢があることも知っておいてほしいと思います。教育現場でも家庭でも、子どもたちには「わからない」という答えが言える環境が必要です。

それが、子どもが自分自身で考える習慣につながるのではないでしょうか。

文部科学省が中学生のスマホ持ち込みを条件付きで許可する方針を決めた今だからこそ、スマホの正しい使い方、怖がり方を伝えていくべきでしょう。

「みんながやっているから、この答えなんだ」というのは、よく考えた上での結論ではないですよね。

子どもに早いうちからスマホをさわらせるのはよくないと思っていませんか？　私は遅くとも高校生になる前までには「正しいスマホの怖がり方」を教えることが重要だと思っています。

これからの時代、情報弱者になってしまうと、どんどん情報が入ってこなくなります。情報が入ってこないということは、今の時代にとって非常に損なことです。便利なサービスや得する情報も入ってきませんし、犯罪にも巻き込まれやすくなります。

危険だからさわらせない、危険だからブロックする、ではなく、さわらせた上で正しく怖がらせることが大切です。

私の友人は、子どもの7歳の誕生日にナイフをプレゼントしたそうです。そう聞くと「なんでそんな危険なものを」と思うかもしれません。

でも彼は、ナイフは人を切るものではないことを教えるために、プレゼントしたそうです。ナイフを使ってキャンプで木の枝を切ったり、料理をさせたりしています。

つまり、小さいときから、ナイフの正しい使い方を教えているのです。ナイフで指を切ったら痛いし、ましてや人を切るものではない。ゲーム上でのナイフは凶器です。もしゲーム漬けのまま大人になってナイフを持ったら、それは「道具」ではなくて、「人を切るもの」になってしまいます。スマホも同じです。

スマホを取り上げるより、正しく使わせるほうが安心

フィルタリングや有害サイトをブロックするなど親がどんなに対策をしても、100%安全だと言い切れる対策はないと思ってください。

もちろん子どもからスマホを取り上げたら安心、ということでもありません。それよりも、正しく使わせるほうがリスクは少ないと思っています。

もはやスマホは日常生活に欠かせないものになっています。スマホがなければ仕事も成り立ちません。実際私も、仕事から家に帰って、ソファに寝転がってスマホをずっと見ていることだってあります（もちろん、仕事で必要不可欠だという大前提ですが）。大人がスマホを手放せなくなっているのに、子どもだからという理由で「スマホを使うな」「ゴロゴロしながらスマホばかり見るな」と言えるでしょうか。

私は子どもにスマホを「使わせない」という考え方には反対です。

2020年、文部科学省は原則禁止としている小中学校での携帯電話の持ち込みについて、中学校では一定の条件のもと、持ち込みを認めることが妥当としました。

これについて、時期尚早ではないかという意見があるそうですが、とんでもない！

私は家族でルールを決めた上で、持たせるべきだと思います。

それよりも、学校に持ち込みができるようになると、授業中などは学校が生徒のスマホを預かることになります。むしろ、そのほうがリスクが高いのではないかと危惧します。

もし盗まれたらどうなるのか、1か所に保管していたら、丸ごと盗まれた場合の被害はどうなるのか。ぜひしっかりと管理していただきたいと思います。


これからのネット社会を生きる子どもたちにスマホやゲームのネットリテラシーをどう育てていけばいいか――本書がその一助となれば幸いです。

佐々木成三

元捜査一課刑事が明かす手口
スマホで子どもが騙される

目次

第1章 親が知らない！ SNSやゲームで起きた恐怖の事件簿

第2章 クイズで学ぶ！スマホに潜むワナと安心安全な使い方

第3章 スマホが奪う直観力！子どもを守る「4つの力」の育て方

本文・図版デザイン……岡崎理恵
編集協力……………樋口由夏

㊟本書で紹介しているデータは2020年12月時点のものです。
また、投稿写真や書き込みはイメージです。
第1章の事件のストーリーは実際にあった事件をもとに構成されたフィクションで、
実在の人物や団体等とは関係ありません。

第1章

親が知らない！SNSやゲームで起きた恐怖の事件簿

本章では、実際にあったネット犯罪についてお話しします。

子どもが巻き込まれるネット犯罪の多くは、ネットリテラシーを持ち、正しく怖がる力があれば、ほとんどが起こりえないものです。

これから紹介する事件も、本来なら防げたはずの事件だったのです……。

事件1 SNSやゲームがらみの誘拐・監禁

アオイは小学6年生の女の子。

学校が終わって、外で友だちと遊ぶのも楽しいけれど、最近はスマホのオンラインゲームに夢中になっている。

人気のバトルゲームは、対象年齢は15歳だけど、スマホ版の対象年齢は12歳。でも実は、ママが「リビングでやるならいいよ」って言ってくれるから、5年生のときからやっている。

オンラインゲームでチャットをするようになったのは最近だ。ゲームが強くて、いつも助けてくれる「優しい相談相手のお兄さん」。

今年に入ってママが「勉強しなさい」とうるさく言うようになった。来年はもう中学生なんだから、遊んでばかりじゃ置いていかれるよ、だって。

でも私は勉強があまり好きじゃない。置いていかれるって、誰に？　意味わかんない。気分次第ですぐ怒るから、ママが忙しそうなときやイライラしているときは、近づかないようにしてる。

そんなときは部屋に閉じこもって、勉強しているふりをしてオンラインゲームをやる。

ゲームをしているときは、嫌なことは忘れられるし、本当に楽しいから。

この間、部屋でこっそりゲームをやっていたら、いきなり部屋のドアを開けたパパに見つかって怒られた。

ママがかばってくれるかと思ったら、「そんなことだったらもう、スマホを持たせないわよ！」と怒った。

「自分だって夕飯のときにＬＩＮＥばっかりやってるくせに。人のこと言えないじゃん！」

言い返してドアを思いっきり閉めた。

あーあ、面倒くさいなあ。

ママとパパに監視されているような気がして、リビングでゲームもやらなくなった。毎日のようにゲームをするうちに、「優しい相談相手のお兄さん」に、ゲームの話だけでなく学校や家での悩みを打ち明けるようになった。

ある日、そんなお兄さんから「2人で一緒にゲームをやろうよ」とメッセージがきた。「アオイちゃんはどこに住んでるの？　車があるから近くまで迎えに行くよ。相談にも乗るし」とお兄さんは言う。

一緒に話しながらゲームができたら楽しいかもしれない。もっと強くなれるように、ゲームも教えてもらいたい。

それに、大人の素敵なお兄さんの知り合いがいるっていうのも、ちょっと自慢できるかも。同級生の男子は子どもっぽくて話にならないし、仲よしのB子は「中学受験をするから塾に行くことにした」って忙しくて遊べなくなったし……。

ちょっとだけならいいかな。

すぐ帰ればママやパパにも怒られないよね。

アオイは、お兄さんと約束した公園に向かった。ママには「友だちと遊んでくる」と言って……。


アオイが門限を過ぎても帰ってこないと慌てた両親は近所を捜し回った。友だちとも遊んでいないことがわかると、いよいよ警察に捜索願を出すことに。

「最近、厳しく怒ってばかりいたせいかもしれない……」

父親と母親は自分たちを責め、眠れない夜を過ごした。


2日後の朝、警察から連絡があった。捜索の末、付近の防犯カメラから、アオイらしき女の子と男が歩く姿が映っていたのだ。

複数の防犯カメラの記録をつなぎ合わせ、男の車と自宅を特定。張り込みを続けていると、そこへ車に乗った男が帰ってきた。

後部座席には、体を丸めて震えている女の子が座っていた……。

娘のアオイが無事帰宅して、心からほっとした。

夫も私も、オンラインゲームなどやったことはない。もちろんスマホはよく使っているけれど。

オンラインゲームでチャットができること、知らない人と簡単に知り合えること、娘が犯人と連絡先の交換までしていたことは、事件の後で知ったことだ。

私たちは心を入れ替えて、娘を怒ることはしなかった。でも1つだけ、どうしても確認しておきたいことがあった。

「なんで知らない人と会おうと思ったの？」

娘からの返事を聞いて言葉を失った。

「知らない人じゃないよ。毎日一緒にゲームをしていたから」

娘にとって、今となっては、犯人はただただ怖い人かもしれない。でもそれまでは、ゲームを一緒にやってくれる、ゲームの強い頼もしいお兄さん。相談にも乗ってくれる優しいお兄さんだったのだ。

一度も会ったことがないのに。

解説

●接点はSNSやオンラインゲーム

ここ最近、SNSやゲームがらみの子どもの誘拐や監禁事件を多く目にするようになりました。

犯人の多くは大人の男性。30代～50代の、子どもからすると立派な〝おじさん〟が、子どもを連れ去り、ひどい場合は長期間監禁、最悪の場合は殺してしまうこともあります。

その２人の接点となるのが、SNSやオンラインゲームです。

読者の皆さんはおそらく、ほとんどが今の小・中学生の親世代でしょう。少し子どものころのことを思い出してみてください。

子どものころ、〝おじさん〟くらい年の離れた大人と知り合う機会がどれだけあったでしょうか。近所のおじさんか友だちのお父さん、習い事の先生くらいではないでしょうか。

当時の親は、子どもに対して「知らない人と話をしてはいけません」と言っていたものです。

ところが今はどうでしょう?

知らない大人と子どもが共通の趣味を通じて知り合うのが、当たり前になっています。子どもにとって、ゲームで一緒に遊ぶ人は、もはや〝知らない人〟ではありません。子どもは、聞かれれば自分の名前や住所を教えてしまうでしょう。それがどれほど危険かということまでは、わからないからです。

常識的に考えれば、いいおじさんが小学生や中学生の女の子と知り合いたいとは思わないですよね。つまり、そういう男は、社会的な一般常識からずれているのです。おそらくゲームという共通の話題がなかったら、何も話せないはずです。

●「#家出」「#神待ち」の書き込みから発展

2019年、大阪の小学校6年生の女児の誘拐事件は記憶に新しいでしょう。家出願望のあった少女は、SNSで知り合った男の家で監禁されていました。しかも、場所は大阪から遠く離れた栃木県です。

自宅近くの公園で待ち合わせ、はるばる栃木まで連れ出されたのです。結局、少女が靴も履かずに逃げ出し、交番に逃げ込んで無事保護されました。

ＳＮＳで「＃家出」「＃神待ち（神＝家出して困っている少女が泊まる場所や食事を提供してくれる大人のこと）」と発信すると、大人たちが群がってきます。

私が捜査一課にいたころ、中学2年生の女の子が家に帰ってこないと、ご家族から届けがありました。ご両親に協力していただき、その女の子のネットの利用状況を調べたところ、ゲームの掲示板に「家出したい」と書いてありました。

驚いたのは、それに対する反応です。なんと10分間で、約20人の男から反応があったのです。

「助けてあげるよ」「協力するよ」「迎えに行ってあげるよ」

こんな甘い言葉をかけてきます。

女子生徒はそのうちの一人の大学生と連絡を取り、車に乗っていました。結果的に女子生徒は無事保護されましたが、彼女は最後まで「大学生はいい人」だと言っていました。一方、大学生は「性交渉が目的だった」とはっきりと供述しています。

また、２０１９年10月、ツイッターに家出願望を書き込んだ14、15歳の少女３人を自分のところに来るように誘い出し、借家に住まわせるなどした男が、「未成年誘拐」の罪で逮捕された埼玉県の事件もありました。

「未成年者誘拐」で捕まった男たちは、ほとんどが「俺、誘拐していませんよ」といいます。でも、子どもを連れまわしたことを認めた時点で、未成年者誘拐です。**14歳未満を親（保護者）の承諾なしに連れ出したら、子どもが自分の意思で来たにせよ、「未成年者誘拐」になります。**これを犯罪者はもちろん、親も知らないことが多いのです。

ちなみに16歳以上18歳未満でも親の承諾なしに深夜（夜11時〜早朝4時まで）に連れ出した場合、青少年保護育成条例の違反になります。

「#淋しい」「#自殺したい」といった書き込みの女子高生を探して自宅に連れ込み、性犯罪を犯すのも代表的な手口の一つです。

２０１７年10月に神奈川県座間市で男女９人が殺害された事件は、ＳＮＳに「死にたい」などと自殺願望を書き込んだ若者が狙われました。犯人は「金と欲のためにやった。心が弱っている子を狙ったほうがラクだと思った」と供述。「ツイッターはかかりがいい」とも述べています。

昔から自殺願望がある若者はいました。

誰でも一度くらいは、自分を見てほしい、注目されたい等の理由で「自殺したい」と思うことはあるでしょう。でも、本心では自殺したいとは思っていないですし、自殺したいと言えば、周りが心配してくれるということを実感したいからだったりしますよね。

昔はそれが事件に発展しなかったのは、今のようにアウトプットする場がなかったから。でも今は、不特定多数の人に「自殺したい」とアウトプットできるのです。そこにガーッと群がってくる大人たちがいるということです。

どこかで「注目されたい」という欲求がある自殺願望者が、それに巻き込まれてしまうというわけです。

●「児童との性交目的」が70%の事実

ＳＮＳには性犯罪を狙う犯罪者たちがうようよしているのが現実です。

警視庁で交流サイトを利用した犯罪の被疑者に犯行動機を聞いたところ、「児童との性交目的」が70％というデータが出たのです。

ところが当の少女たちにしてみれば、「これから性被害に遭いに行くんだ」と思っている子はまずいません。本気で「善意で助けてくれるいい人」と思っている子がほとんどなのです。

２０２０年6月、別の児童買春・ポルノ禁止法違反容疑で逮捕された20代の会社員の男が再逮捕されました。

容疑は２０１９年夏ごろにＳＮＳで知り合った10代女性に「自宅に泊まっていいよ」と誘い、わいせつ目的で誘拐し、性的暴行を加えた疑いです。

男は容疑を否認しています。これはあくまでも推測だということをお断りした上で言いますが、否認しているのは、おそらく困っている女の子を自宅に泊めてあげただけ、という意識がどこかにあるためかもしれません。

２０２０年の7月にはＳＮＳで知り合った埼玉県の女子中学生を、未成年者と知りながらホテルに連れ込むなどして誘拐した会社員の男（20歳）が逮捕されました。

男はＳＮＳで「ホテル行く？」などと女子生徒を誘い出し、合流。

その後、ホテルに入りました。同日、女子生徒の母親から「子どもに電話してもつながらない」と警察に届け出があり、その後、女子生徒は保護されたのです。

このような事件を挙げればキリがないためこのあたりにしておきますが、実際のところ、ひっきりなしに起きているというのが現状なのです。

対策

フィルタリングや利用制限だけでは防げない

家出願望がある少女に対して善人を装《よそお》い優しい言葉で近づき、誘拐・監禁する……。もちろん悪いのは犯人である男です。少女を責めることはできません。

ただ、ＳＮＳやオンラインゲームで知り合っただけでは、少女は誘拐されたり、監禁されたりすることはなかったはずです。

何が言いたいのかというと、**〝最後に行動を起こすのは子ども自身〟**だということです。

これは、親と子でのネットリテラシーの差が如実に表れた事件だと思います。子どもにスマホを買い与える際に、アダルト関連や違法サイトなどの有害情報を見られないように制限しただけで安心している親がほとんどではないでしょうか。

子どもがスマホで何をやっていたのか、事件後に親は初めて知って驚くのです。

13歳未満の子どもは自分のGoogleアカウントを持てません。親の皆さんが子どもにゲームをさせるためだけの目的でアカウントを子どもに渡し、子どもは親のアカウントでゲームをやっていたはずです。

ゲームをやらせている以上、少なくとも親御さんは、日頃の親子の会話の中で、**子どもが自分のアカウントでどんなゲームをしているのか、アカウントを持たせることでどんなことができるのか、SNSをどんなふうに利用しているのか、知っておいてほしい**のです。

●親子の会話の中で危険性を伝える

わが家でも会話の中で危険性を伝えています。

例えばオンラインゲームをしている息子に「何やってんの?」と聞くと「○○」とゲーム名を言います。

「知らない人とゲーム一緒にしてない？　会ってない？」
「ゲームはしてるけど、会ってはいないよ」
「ゲーム上で知り合った人とは会うなよ」
というように。

だからといって、「知らない人とゲームをするな」というのは、現実的ではありません。実際、アンケートでは「知らない人とゲームをしたことがある」と答える中学生は7割もいます。

「知らない人とゲームをするな」というのは、「オンラインゲームをするな」ということと一緒です。オンラインゲームをすることを許す以上、知らない人とゲームをするな、というのは現実的に無理なのです。

ですから最低限、**「ゲーム上で知り合った人とは会わない」**ことをルールにする必要があります。

ゲームをする目的は何なのかを明確に持たせることも大切です。

「なんでオンラインゲームをやっているの？」と聞いたら、「楽しいから」と答える子がほとんどでしょう。

「それはわかるけど、ずっと楽しいことだけやっていていいのか」という話になりますよね。頭ごなしにダメ、と禁止するのではなくて、子どもを納得させる必要があります。なぜ長時間ゲームばかりやることがダメなのか。

ゲームでコミュニティーを作っている子もいるかもしれない、プログラミングへの興味につながる子もいるかもしれない、eスポーツの選手になりたい子だっているかもしれません。

オンラインゲームに関しては、明らかに子どものほうが詳しいはずです。それならば、親もオンラインゲームをやってみましょう。子どもと一緒にゲームをすればいいのです。

たとえ興味がなくても、子どもを守るためです。頭ごなしに否定せず、ゲーム上ではどんな状況があり得るのか、どんな危険があるのか、どうしてそこまでハマるのか（やってみると意外と面白かったりします）がわかるでしょう。

また第2章で詳しくふれますが、子どもには、「SNSの中で人は装える」ということを伝えましょう。

事件2　闇バイト

22万、29万、31万……。

高校2年生のケイタは、ネットでバイクの人気ランキングを見ながら、その価格にため息をついていた。

両親を説得して、バイクの免許を取ったのは1カ月前。

「勉強もちゃんとやって、バイトして自分のお金でバイクを買うから」と約束して、夏休みから近所の飲食店のホールスタッフのバイトを始めた。時給1050円は悪くない金額だ。でも……。

「時給1050円で8時間働いても1日8400円。今すぐにでも乗りたいのに」

「早くしないと夏休みが終わってしまう」

はやる気持ちをおさえながら、真夏の太陽が照りつける道をバイトへと向かう。一日中、立ちっぱなしの仕事。なんだか真面目に働くのも面倒くさく、馬鹿らしくなってくる。

そんなときだ。

部活の先輩が「ツイッターやインスタグラムで、いいバイトが見つかる」と話していたのを思い出した。

ツイッターで「#闇バイト」「#裏バイト」などと検索すると、高給をうたう募集が次々見つかった。簡単な仕事内容だ。

「ブラック案件。日当10万円　#闇バイト」

「□□（地名）で運びあります。平均日当5～10万円 #闇バイト」

闇バイトがまともなバイトではないことは、なんとなくわかっていた。

でも1日で10万円は、16歳のケイタにとっては魅力的すぎた。

「3日、いや2日働けば、ほしかったバイクがすぐ買えるかもしれない」

闇バイトに応募すると、すぐに本部というところからDM（ダイレクトメッセージ）

が送られてきた。

「○月○日の17時、××駅の駅前広場で60代の男性からお金を受け取る」という指示だった。

ヤバい！　これって詐欺の受け子だ。さすがのケイタも気づいたが……時すでに遅しだった。

なぜなら、応募時に運転免許証のコピーを要求され、本部に送っていたからだ。取ったばかりの、バイクの運転免許証だった。

「逃げたり警察に話したりしたらどうなるかわかるよね」「学校やご両親が知ったらどうするの」と脅され、やらざるを得なかった。


ケイタが逮捕されたのはその日の夕方だった。

駅前の広場で60代の男性から現金を詐取した容疑だった。

同時期、同様の被害が複数あったことから、受け渡しに指定された広場に警察が張り込んでいたところ、ケイタが男性から現金をだまし取る現場を確認したのだ。

翌日の新聞やネットニュースでは、こんな記事が掲載された。

「○月○日、□□署は××市の60代の男性会社員から現金300万円をだまし取ったとして、詐欺の疑いで自称△△市の高校生の少年（16歳）を逮捕した。少年は、『詐欺の受け子であることはわかっていたが、お金がほしくてやってしまった。途中でやめようと思ったがやめられなかった』と供述しているという。同署は背後に詐欺グループがいるとみて調査している」

ただバイクがほしかった、軽いノリからの犯罪。
その代償は、あまりにも大きすぎた。

解説

●バイト感覚で詐欺事件に巻き込まれる理由

闇バイトによる特殊詐欺は年々検挙数が増えています。
闇バイトとは、高額報酬をうたって振り込め詐欺の受け子のような特殊詐欺をさせる仕事のこと。

バイトを探している少年が、

「日給3万円・スーツ支給・仕事はものを受け取るだけ」

という求人を見たら、「ラッキー！」と思ってしまうかもしれません。

でもよく考えれば、これは特殊詐欺の受け子です。

「何かおかしい」という**考える力が足りず、視野も狭いために犯罪に巻き込まれてしまう**のです。


闇バイトには、警察を装って電話で「あなたの口座が不正に利用されています」と言ってキャッシュカードをだまし取る掛け子や、だまされた人からカードや現金を受け取る受け子などがあります。

特殊詐欺グループは常に闇バイトを募集して、お金に困っている人を狙ってくるのです。つまり、カモを探しているわけです。

例えば、実際の受け子の闇バイトの流れは以下のように行われます。

「お金に困っているので仕事ください」などとツイートすると、ＤＭが来る。

↓
別の掛け子が詐欺の案件が取れた後、ターゲット（被害者）の住所が送られてくる。
↓
指定された住所に向かい、カードや現金を受け取る。

やりとりの際、詐欺グループと思われる本部の情報は何もない。そもそも、顔も住所もわからない。ただ指示に従うのみなのです。

特殊詐欺も、手口を年々変え、複雑化、巧妙化してきています。ただ、警察もそれに対して警戒を強め、いたちごっこのような状態が続いているのです。

●一度かかわると逃れにくい仕組み

闇バイトに応募したものの、怖くなって逃げたくなったとしましょう。それでも、逃れられない仕組みになっています。

闇バイトの募集告知の多くには「身分証明書必須」などと書かれています。

応募時に、運転免許証などの顔写真付きの身分証のコピーや、携帯電話の番号、父

闇バイトの手口

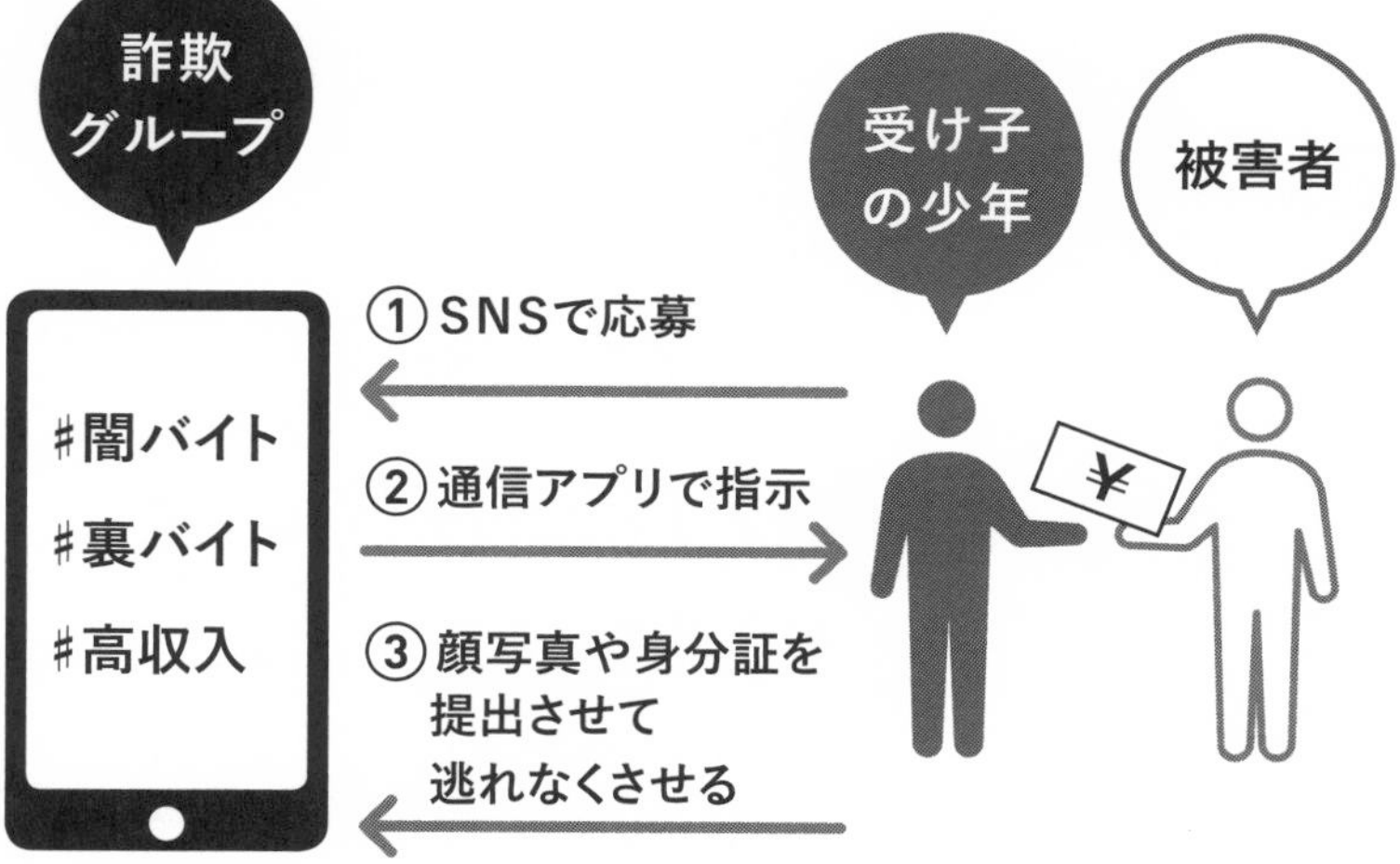
詐欺
グループ
＃闇バイト
＃裏バイト
＃高収入
①SNSで応募
②通信アプリで指示
③顔写真や身分証を
提出させて
逃れなくさせる
受け子
の少年
被害者
¥

親や母親の連絡先から住所まで、本部に伝えなければなりません。

逃げようとすると、

「情報を全部アップするぞ」

「運転免許証の画像をアップして、さらし者にするぞ」

「自宅も知っているし、なんだってできる」

などと脅されてしまうのです。

最近、大学生と話す機会があり、何気なく「なんのバイトしてたの?」と聞くと、「俺、受け子っす」と答えたのには驚きました。

私が元刑事だと知っていて、です。「もう足を洗ったんで、大丈夫です!」と爽やかに言われてしまいましたが、私に言うか?と……。要は、罪の意識がないのでしょう。

実際、コンビニ強盗は減っているものの、振り込め詐欺は増えています。割のいい犯罪が増えているということです。

強盗は、やる側からすれば、かなりリスキーな犯罪です。それに対して詐欺は、「人をだますだけ」という解釈で、罪の意識が低いのでしょう。

「いいバイトがあるよ」という表面的な部分に反応してしまう子どもたちが多いのだと思います。

特殊詐欺の逮捕者の低年齢化も問題になっています。子どもなら逮捕されないかというと、大間違いです。詐欺グループの受け子などをした場合、14歳以上でも逮捕の対象になります。

また、詳しい内容も知らずに「お金をもらえるいい仕事がある」「銀行員の代わりにキャッシュカードをもらってくればいいだけ」などと友人から話を持ちかけられ、言われたとおりに指定された日時に対象となる家に向かったところ、待ち構えていた警察に逮捕されてしまった、などという話もあります。

●「現金プレゼント」の目的はカモリスト

今、中高生にも大麻が広がっています。

警察庁の調べによると、２０１９年の1年間の大麻事件の摘発者数は若年層を中心に増加し続け、過去最多の４３２１人。しかも、中高生が前年の約１・４倍にもなっています（警察庁「令和元年における組織犯罪の情勢」より）。

事実、SNSで「野菜（＝大麻）」などの隠語を使って薬物売買が横行し、手軽に手に入れることができます。

その背景には、「海外では合法の国もある」といった情報がネットで拡散され、軽い気持ちから手を出してしまうこともあるでしょう。

そのほかツイッターには、カモを見つけるための甘い言葉が横行しています。

「客宅に行ってキャッシュカードを預かるだけのバイト。月に100万円稼げます！」

「P活　楽にお金を稼ぎたい人！　一緒に写真を撮るだけで給料アップ！」

大阪で通行人からかばんを奪ったとして男5人が逮捕された事件では、ツイッターに**「叩《たた》き（＝強盗）の仕事あります」**と投稿して実行犯を集めたといいます。ラクして稼ぎたいという気持ちが強いと、軽い気持ちで犯罪に加担してしまうことになるのです。

また、

「RT（リツイート）したら1万円プレゼント」
「フォローしてくれたら100万円ゲットチャレンジ」

これは、**ツイッター現金プレゼント詐欺**と呼ばれるものです。

目的は、誘惑に弱い若者の個人情報を入手すること。それが商材詐欺や投資詐欺の情報を送るカモのリストに使用されます。

ラクをしてお金を稼ぎたい若者の個人情報はカモとなり、このカモリストを活用してお金をだまし取る犯罪グループが実在するのです。

実際にこんな手口がありました。

カモリストに載っている大学生をホームパーティーに呼び、豪勢な生活を見せます。大学生は、たくさんの人が同じ投資や金儲《かねもう》けをしていることに安心し、さらには、いいスーツや腕時計をわざと見せるのです。お金の誘惑に弱い高校生や大学生なら、「こういう人になりてえ！」「こういう贅沢《ぜいたく》な生活に憧れる！」と思いますよね。

当然、このまま帰れるはずもなく、危ない副業の手伝いや投資詐欺の話などに巻き込まれてしまいます。

対策

子どもに犯罪の手口を教える

まずは、子どもに先のような犯罪の手口を教えることです。

「闇バイト」「高収入」……これらの言葉を用いた詐欺犯を募集するツイッター上の書き込み（ツイート）に対して「不適切な書き込みのおそれがあります」などと警告メッセージを返信する取り組みを、1年前から愛知県警が開始しました。

これまでに県警が書き込んだ警告メッセージは約2200件にのぼったそうです（2020年8月現在）。その結果、警告を行った総数の約8割のツイートが削除されるなど、一定の効果を上げています。

警告メッセージを発信する取り組みは、北海道、群馬、茨城、埼玉、神奈川、大阪、福岡などにも広がっています。

これまでお話ししたように、「受け子」などのわかりやすい言葉で誘うケースはまずなく、「闇バイト」「日払い」「高収入」など、直接的な表現を避けて募集を続けているのが特徴です。

闇バイトは犯罪です。当たり前のこの事実を、改めて子どもとともに認識していただきたいと思います。

闇バイトを始める前に、免許証や学生証等、顔写真を送るよう指示され、もし逃げたら「大学にバラすぞ」。さらに、「就職先にバラして就職させないぞ」と脅迫されるので注意です。

●薬物に逃げない子を育てる

親御さんは子どもがツイッターで危ない情報にアクセスしていないか気をつける必要があります。

ある有名な起業家が、平成最後のお正月に1億円のポケットマネーを100人に配るという、「100万円を100人にプレゼントするお年玉企画」が話題になりました。

もちろん、この方の場合は冗談でも人をだまそうとしたわけでもなく、実際に当選者に現金が届けられました。

ただその応募方法が、ツイッターでその起業家をフォローした上で、ツイートをリツイートするというものだったため、同じような感覚で、中高生や大学生が現金プレゼント詐欺に巻き込まれてしまうケースもあるのではないでしょうか。

子どもたちは、「何が正しくて、何が怪しいか」の判別が大人ほどにできていないからです。

大人からすれば「どう見ても怪しい」とわかりますし、「何の仕事もしないで5万円くれる人なんているわけがない」と思いますよね。

でも子どもにしてみれば「○○さんもやっているし、もしかして、あるかも」と思ってしまうのです。

親が知っていれば、お子さんに話してあげることができます。

危ないものかどうかを識別する目を持つ方法については第3章でお話ししますが、親御さんも、子どもが面白半分で危ないことに手を出していないかどうか、（監視するのではなく）気軽に話題に出すことが大切です。

合わせて日常会話の中で、お子さんと闇バイトのことや大麻のことなども話してあげてください。

「そんなことを教えると、かえって子どもが興味を持ってしまうのでは？」

とおっしゃる親御さんもいますが、子どもは簡単にそのような情報をいずれ知ることになります。だからこそ、事前に伝えておくことが大事です。それは自分のお子さんを信じていないことになります。

危険なことを子どもに教えないことのほうが罪だということを、知っておいてください。

最後に根本的な解決策をもうひとつ。

大麻などに逃げない子どもにするには、「家庭環境」がいちばん大事です。

何か社会に不満がある、または自分への承認欲求などから薬物に走ることが多いのです。

大麻に承認欲求を求めるのではなく、リアルに子どもが承認欲求を満たせるような親子のかかわり、家庭環境をつくってあげてください。

ＳＮＳで薬物売買するツイッター投稿については第２章で詳しくお話しします。

ただの仲間内の悪ふざけのつもりだった。

事件3 不適切写真・動画の投稿

小学校から始めた野球。勉強は今ひとつだったけど、野球にだけはのめり込んだ。野球の楽しさもあり、その後、中学・高校でも野球部に所属。

高校では甲子園こそ出場できなかったけど、県大会ではベスト8まで進んだ。この頃、野球部の顧問の先生に大学のスポーツ推薦を検討してみたらどうかと勧められた。その後、僕は勉強にも力を入れ、大学はスポーツ推薦で有名私大に入学することができた。

スポーツ推薦でなければ入れなかったような大学だ。

そして仲間と楽しく、ともに切磋琢磨《せっさたくま》しながら過ごした大学生活はあっという間に過ぎた。

就活の時期を迎えたが、僕はここでも野球が強みになった。有名な野球チームのある一流企業に就職が内定したのだ。

「頑張ってきてよかった……」

両親もとても喜んでくれた。


残り少ない大学生活を楽しんでいたそんなある日。

就職先の人事部から連絡があった。

「○○くんに少し確認したいことがあるんだけど、時間とれるかな？」

なんだろう。嫌な予感がした。でも、思い当たることは何もない。

もちろん友人と夜遊びしたり、お酒を飲んだりすることはあるし、彼女とデートもするけれど、人に後ろ指を指されるような悪いことは何もしていない。

人事部に出向くと、担当者が開口一番、

「この動画、○○くんだよね？」

と、スマホを見せられた。

そこには、去年の野球部の夏合宿でズボンを脱いで悪ふざけをしている僕の姿があった――。おまけに、嫌がる後輩のズボンまで無理やり脱がして大笑いしている。体中から気持ちの悪い汗がにじみ出て、ワイシャツが肌にまとわりついてきた。

どうしてこの動画がここに？

そうだ。確かにあのとき別の後輩が撮影していた。でも後輩は、「インスタのストーリー（ストーリーズ）だからすぐ消えますよ」と言っていた。

もちろん後輩は、友だちにしか見られない設定にしていた。なのになぜ？

「○○くんだね？」もう一度念を押すように聞かれた。

「はい……」

それ以上、言葉も出なかった。

結局、内定は取り消しになった。

自動的に消えているはずの動画が、なぜ拡散したんだろう。

アップされた動画を、撮影した後輩の友だちが見ていた。「バカなことやってるなあ」

というノリでLINEで別の友だちに送り、それがまた別の友だちに……。そしてだれかはわからないが、不適切動画としてツイッターに投稿したことで、拡散していったらしい。

やがて動画を見た人によって、「○○大学の野球部」と特定され、瞬《また》く間に僕の名前、出身高校まで明かされ、炎上することになったのだ。

ご丁寧にまとめサイトにまで載っていたことから、人事部の目にとまることとなった。

なぜ、今ごろ……。後でわかったことだが、僕にズボンを脱がされ、恨みに思っていた後輩がかかわっていたことがわかった。

僕が一流企業に就職することを知ったことで当時の怒りが再燃し、企業に申告したらしい。

彼を恨んでも仕方ない。自分で蒔《ま》いた種だ。

ショックでしばらくは立ち直れなかった。ふざけたのはあの時、たった一度だけ。それだけで人生を棒に振ってしまうことになるのだから。

この後、また就活を再開しても、転職をしようとしても、あの動画がずっとついて回るのだろうか。もう消せることのできないあの動画の存在に、一生おびえて生きていくのだろうか。

解説

●多くが退学処分、賠償請求に

SNSで不適切な画像を投稿する事件が後を絶ちません。軽い気持ちでの投稿が目立つのが特徴です。

昔はどんなに悪ふざけをしても、証言はあったにせよ、物的証拠は残りませんでした。でも今は、簡単に証拠が残せます。しかもそれは、一生消えない証拠です。

社会問題にもなった「バイトテロ」と称される不適切動画は、記憶に新しいと思います。

アルバイト店員による不適切動画が次々と投稿され、企業は正式に謝罪文を発表するなど、社会問題になりました。

２０１３年に最初に社会問題になってから、一時収まったかに見えましたが、最近になっても、アルバイト店員による不適切動画の事件は絶えません。

悪ふざけのつもりでアルバイト店員が投稿したのでしょうが、学生の場合は「退学処分」および「賠償請求」をされたケースが多く、その後の就職も困難になります。

情報を少しでも多く知りたい企業は、内定者を決めるためのスクリーニングとして、最終候補者の名前をネットやＳＮＳで検索し、インスタグラムやツイッター、フェイスブックなどをチェックしているものです。

就職が内定していた場合は、当然、内定取り消しを考える１つの材料になります。

悪ふざけにしてはその代償が大きすぎるのです。

近年、画像や動画が投稿されたバイトテロを挙げただけでも以下のようなものがあります。

●回転寿司チェーンで、ゴミ箱に捨てた魚をまな板に戻す
●大手レストランチェーンで、股間に調理器具を当てる
●コンビニでおでんを口に入れて吐き出す、ペットボトルのふたを舐《な》める

- コンビニエンスストアのアイスケースに従業員が寝そべる
- 飲食店厨房の食洗機に足を入れる
- 飲食店でマスクをかぶり、ズボンを脱いでふざける
- 女子高生がアルバイト先の店内で自身のわいせつ画像を撮影
- ホテルで高校生のアルバイトがシンクに全裸で入浴
- カラオケ店でから揚げを床にこすりつけてから揚げる

個人経営の店では、経営を直撃し、閉店に追い込まれてしまいました。

これらの動画はツイッターのほか、最近ではインスタグラムのストーリーズという機能を使って投稿されたものが多いのが特徴です。

ストーリーの動画は24時間で自動的に消えるため、友だちなどが見て、ちょっとウケればいいかなという程度の軽い気持ちだったのでしょう。

バイトテロが話題になった当時、ツイッターによるこれらの不適切動画は「バカッター」と呼ばれましたが、インスタグラムによるものは「バカスタグラム」などと呼ばれることもあります。

●正義感や処罰感情を振りかざす「特定班」とは

一方で、こういった不適切動画を拡散させて炎上させることを目的とした**「特定班」**と呼ばれる人たちもいます。

特定班は投稿者の実名、学校、顔写真、メールアドレスなどの個人情報を特定して「＃拡散希望」などのハッシュタグをつけて投稿、拡散させることが狙いです。

インスタグラムのストーリーのように、一定の時間が経つと自動的に消える仕組みの動画であっても、わざわざ保存して、再拡散をするのです。

炎上した事件は、ご丁寧にまとめサイトまでできています。そのため、いったん鎮静化した事件が再炎上することさえあります。

その結果、半永久的にネットの中でデジタルタトゥーとして残り続けます。

ネットユーザーから学校や勤務先に問い合わせとクレームが殺到したというケースも後を絶ちません。

とくにツイッターは拡散力が強く、炎上のきっかけにもなっています。

子どもたちにとっては単なる悪ふざけが、悪ふざけでは済まされない時代であると同時に、子どもたちの違法性の認識（第2章で詳しくお話しします）の低さが際立つ事件が多いと感じています。

笑えるいたずらなのか、笑えないいたずら（というよりれっきとした犯罪）なのか、その認識がまったくないのです。

例えば、サッカーボールを蹴って駐車場の柱や看板を壊す動画が、インスタグラムで炎上しました。そこから駐車場の場所が特定され、本人の名前や高校名、顔画像まで特定されました。

たしかにサッカーの技術は高く、もしかすると真面目にサッカーをやってきた少年だったのかもしれません。それなのになんでこんなことをするのでしょうか。撮影している側の友人も、「悪いこと」だと気づいていないのです。

結局、器物損壊の疑いで警察に捕まりました。

また、数年前になりますが、中学生が小学生とみられる子どもに因縁をつけ、泣かせるまでの様子を撮影し、ＹｏｕＴｕｂｅにアップされる事件がありました。

ネットユーザーの間に瞬く間に話題になり、多くのユーザーが身元の特定に乗り出

特定班はどこを見ているか

- **SNSの書き込み内容**
  →プロフィール特定

- **自宅から撮影した写真**
  →住所を特定

- **自撮り写真（制服）やイベント（運動会）の書き込み**
  →学校を特定

- **フォロワーの書き込み**
  →友人を特定

しました。動画に映っている風景から生徒の中学校が特定され、学校には問い合わせが多く寄せられました。

生徒はただ注目を集めたくて軽い気持ちで投稿したのかもしれません。まさか自分の身元が割れるとは思ってもいなかったのでしょう。同時に、過剰なまでに犯人を特定しようとする行き過ぎた正義感や、間違った処罰感情にも疑問を感じる事件でした。

●過剰ないたずらと歪んだ承認欲求

迷惑系ユーチューバーも話題になりました。

行き過ぎたいたずらといえば聞こえはいいですが、立派な犯罪か、犯罪スレスレの動画を次々にアップしています。

スーパーで魚の切り身を盗んで逮捕されたユーチューバーは、その代表例でしょう。

会計前の魚の切り身を店内で食べ、空《から》になった容器をレジに持って行き、「すみません、食べてしまいました。腹減ってて」と言いながらお金を払う動画を「店の商品、会計前に食ってやったぜ」というタイトルで撮影。

後日、店長が警察に相談し、逮捕されました。

何気ない不適切動画の代償

不適切写真・動画を投稿した子どもの末路

- 個人情報が特定される
- 警察に補導される
- 被害にあった店が閉店
- 損害賠償請求される
- 将来の受験・就活に悪影響

→ デジタルタトゥーの影響は一生続く！

彼は、YouTubeの登録者数が伸びない状態が続いていたようです。著名なユーチューバーに次々とコラボを迫る嫌がらせ行為も行っていました。

迷惑系ユーチューバーは彼だけではありません。

渋谷のスクランブル交差点にベッドを置いて寝る動画を投稿した男性は、道路交通法違反の疑いで書類送検されました。

またある男性は、宅配業者の営業所でチェーンソーを使って従業員を脅す動画を投稿し、暴力行為等処罰法違反容疑で逮捕されました。

最近ではまた違った意味でのいたずら動画も増えています。

わざと犯罪を誘発するようなしかけをして動画をアップするというもの。

自分のしかけによって、その罠に反応した人を見たいという欲求、それによって登録者数を増やしたいという欲求があるのです。

これらは、間違った承認欲求からくるものです。事件だろうが炎上しようがとにかく有名になりたい、注目されたいといった間違った承認欲求がなくならない限り、いたずら・迷惑動画は後を絶たないでしょう。

対策

被害者にも加害者にもなりうる

ネット犯罪では子どもが被害者で、子どもを守ることばかり考えがちです。しかし、SNSが怖いのは、被害者と加害者は紙一重ということなのです。

知らず知らずのうちにわが子が加害者になっていることもあるということです。例えば、何気なくタイムラインに流れてきた投稿をシェアすることで、いつの間にか加害者になってしまうこともあるのです。

悪ふざけやいたずら動画をツイッターで拡散することで、誰かを貶《おとし》めたり、傷つけたりしているかもしれません。

犯罪行為をすることも怖いですが、犯罪意識がないことも、とても怖い。

ものごころがついたときからSNSに親しんでいるからこそ、警戒心が弱く、「自分は大丈夫」「（ストーリーズなど）24時間で消えるから大丈夫」「仲間内で楽しむだけ」

という甘さと過信があります。

何より、炎上したり問題になったことで、当の本人がいちばん驚いているのです。まさかたった一度の投稿で人生を棒に振るなどとは、思いもしなかったのでしょう。これだけ報じられていても、多くの子どもたちや学生は「他人事」だと思っている節があります。

親御さんは、このような投稿のリスクについて、きちんと伝える必要があります。


動画のアップや投稿に関しては、「有名になりたい」「話題になりたい」「注目されたい」という気持ちだけで安易に投稿しないこと。

とくに注意が必要なのが、インスタグラムのストーリーズです。

「24時間で消える」「公開しているのは友だちだけ」という安心感から、悪ふざけの動画をアップしてしまいがちですが、

・友達限定の公開設定でも、誰かが別の友だちに回せば、その枠を超えてしまう。
・動画は24時間で消えても、スクリーンショットや画面録画で保存できる。

ということを肝に銘じ、動画をアップするときに**トラブルの一つになるかどうか考えた上で動画をアップしてほしい**と教えてあげてください。

●SNSは未来の自分のために使う

子どもにとってSNSは狭い世界、友だちだけの世界であり、現実の世界とは違うという認識があるのかもしれません。でもそうではありません。

現実の世界でしてはいけないことは、SNSの世界でもしてはいけないのです。過去の間違った投稿が、将来の自分に悪影響を及ぼします。

保護者の皆さま、SNSは将来の自分のために使うのだということを教えてあげてください。不適切投稿によって、学校、友人を失った例もたくさんあります。もちろん将来の就職や結婚にまで影響を及ぼします。

軽い気持ちで行ったいたずらや悪ふざけが、一生を左右してしまうこともあります。

YouTubeで炎上を招くようなコンテンツや、いたずらや嫌がらせ、威嚇《いかく》、いじめにあたるコンテンツをアップすることも同様です。

「うちの子はそんな動画はアップしない」と思っている親御さんは多いと思います。

もちろん、アップしない子どものほうが多いでしょう。

でも、このように質問したらどうでしょうか？

「その動画を見て、お子さんは笑っていませんか？」

詳しくは第2章でお話ししますが、今、「面白い」の価値観が違ってきていることに、不安を覚えます。

お子さんが迷惑動画やいたずら動画を見て笑っていないか。もし笑っているのなら、不適切投稿をする人たちと同じ価値観を持っているかもしれません。

SNSは同じ価値観の集まり。友だち全員が面白いからこれは社会全体でも面白いというわけではない。そういった価値観の是正《ぜせい》をしてほしいと思うのです。

事件4 自撮り性被害

中学1年生のアユミは最近スマホが手放せない。

中学入学のお祝いに、やっとスマホを買ってもらえたのだ。

学校ではスマホの使用は禁止だけど、帰宅するとすぐに部屋に閉じこもり、スマホでゲームをするのが日課だ。

今日も寝転がってゲームをやりながら、ふとゲームアプリの掲示板を見ると、

「無料でＬＩＮＥのスタンプをあげます！」

という書き込みを見つけた。

軽い気持ちで「ほしいです！」と返事をすると、すぐに、返事が来た。

何回かやりとりしていると、最初は優しかった相手の態度が変わってきた。

「無料でスタンプだけあげるわけないだろ。裸の写真送ってよ」

「……えっ」

無視しようと思った。このままやり過ごせばきっと大丈夫。

相手からさらに追い討ちをかけるような返事が来た。

「写真を送らないと、学校に行けなくなるぞ」

……無視、無視。このままスルーしちゃおう。

すると、そのやりとりを見ていたらしき女の子から「大丈夫?」とメッセージが来た。たまらなく不安になり、「どうしよう。無視してもいいよね?」と相談すると、「実は私も同じ目に遭ったの」という。どうやら私と同じ年齢の女の子のようだった。私は安心して、不安な気持ちを彼女に打ち明けた。

それからだ。彼女から次々と恐ろしいメッセージが届き始めた。

「私も最初は無視していたんだけど、やりとりしていくうちに私のこといろいろ調べたらしくて、名前も通っている中学もバレちゃったの。それで学校にもあることないことデマを流されて」

「どんなにデマだって言ってもダメだった。おまけにネットでも嘘《うそ》のデマをさらされちゃって……」

「親も学校に呼び出されて、最終的には学校にいられなくなって、転校することになっちゃったんだ」

「私が早く写真を送っていれば、こんなことにはならなかったかも。いつまでも送らないでいると、何をしてくるかわからないよ。送っちゃったほうが早いよ」

「1回送っちゃえば大丈夫だから。しつこくはしてこないよ」

「〝すぐに削除して〟って頼んでおけば大丈夫だよ」

不安で不安で胸が押しつぶされそうだった。でも親には相談できない。

「許してもらいたければ、早く裸の写真を送れ！　どこに住んでいるか、名前も中学校名ももうわかってるんだよ！」

「断ったら、お前の個人情報をネットにさらすぞ」

文面がどんどんエスカレートして、恐怖で震えながら裸の自撮り画像を1枚だけ送った。「ごめんなさい。許してください」というコメントをつけて。

とりあえずほっとした。少し怖いけど写真は送ったんだから、すぐ削除してくれるはず。

ところが……!!

その後、私の画像がネット上で公開されていることがわかった。

「JC自撮りエロ画像」というタイトルがついて。

それは、私が画像を送った男の人が、別のわいせつ事件で逮捕されたことで判明した。その人のスマホには、数百枚の女の子のわいせつ画像が入っていたそうだ。

そして恐ろしい手口もわかった。

掲示板のやりとりで、私を心配してくれた女子中学生は、犯人がなりすましたものだった。別のスマホを使って、女子中学生のふりをして私を不安がらせ、写真を送らせたのだ。

お父さん、お母さん、ごめんなさい……。

私の画像は、今もSNS上に残ったままになっている。

解説

●中学生の被害が急増中

２０１９年に警察が特定した児童ポルノ事件の被害者は過去最多の１５５９人。４年連続で１０００人を超えています。

なかでもＳＮＳで知り合った人などから、裸や下着姿の写真を送信させられる「自撮り」が増えています。

自撮りの被害者で最も増えているのが中学生で、全体の５割を占めています。

しかし、これは氷山の一角。警察に届け出をしていない件数を考えると、この件数は数倍にはね上がるのではないかと思います。

とくに中学1年生は注意が必要です。今まで親のスマホを使っていた子どもが、初めて自分のスマホを持つことになるケースが多いからです。まだスマホに慣れていなくて、スマホの危険性を知らされる前に被害が相次いでいるからです。

中高生の投稿にはあまりにも無防備なものが多いと感じます。

子どもは親に比べれば、ずっとSNSに慣れています。でも、SNSに慣れていることと、警戒心の強さは比例しません。慣れているからこそ、危険性には鈍感になる可能性もあります。

実際に「児童買春・児童ポルノ禁止法違反」で逮捕された30代男性の事例では、女子中学生に近づくために同学年の女子を装っていました。

男は架空の設定をつくり上げ「私も同じ学年だよ」などとSNSを通じて学校の話などをして、女子中学生の共感を得ていました。

インターネットで入手した別の女の子のわいせつな画像を送り、「私も送ったからあなたも見せてよ」と言って、女の子に裸の画像を送らせたのです。男のスマホからは数百枚の未成年のわいせつ画像が保存されていました。

また、19歳の男性モデルになりすました男が、掲示板で知り合った女子中学生と無料通信アプリのIDを交換。女子中学生のグループに招待させ、仲よくなった中学生に「裸の写真を送って」「すぐに削除するから大丈夫」などとして約1600人の児童とやりとりをし、100人を超える被害に遭わせた例もあります。

ちなみにこの被疑者は46歳だったそうです。

このデジタル社会ではネット空間で裸の写真を送った瞬間に「デジタルタトゥー」となり、写真が公開されてしまったり、直接性被害に遭ったりする事件も後を絶ちません。

無料通信アプリで中学生の女子生徒に顔が入った自撮りの裸画像を送らせ、その画像を「ばらまく」などと脅して呼び出し、性的暴行を加えた事件もあります。

これがリベンジポルノの恐ろしさです。

「相手も顔写真を送ってきたから」「相手の顔写真が公開されているから」と信用してはいけません。その写真も、プロフィールも全て嘘かもしれないのです。

「児童買春・児童ポルノ禁止法違反」は、18歳未満の子どもに対して、わいせつな画像を送らせた時点で成立します。

わざわざ卑猥《ひわい》な画像をまとめた「まとめサイト」まで存在しています。そこに掲載されてしまうと、削除するのは難しいでしょう。

永久に消せない「デジタルタトゥー」となるだけでなく、名前が特定されると就活等にも影響してしまいます。

●なぜ裸の画像を送ってしまうのか

とくに脅迫されたわけではないのに、裸の画像を送ってしまう女の子もたくさんいます。彼女たちはなぜ、裸の画像を送ってしまうのでしょうか。

根底には、承認欲求があると思います。

男の子に比べて女の子は、性に目覚めるのが早いため、それが武器になることを知っています。男性が自分に興味を持つ、注目されることがわかっている。

「裸の写真を送って」とストレートに言われると、興味を持ってほしい、注目されたい、気を引きたいという思いから、送ってしまう子が多いようです。子どもたちには、デメリットがわからないため、「この人はいい人だから大丈夫」と思ってしまうのです。

まさかバラまかれるとは思っていないですし、削除すればいいや、と思っています。

例えばその女の子が20歳になって有名モデルになったら……。有名になった後で、当時の裸の画像が出てきた、などということも十分あり得ます。今のほんの少しのいたずら心が自分の人生まで狂わすことになります。

では仮に、つき合っているもの同士ならいいのかといえば、そうではありません。ガールフレンドに裸の写真や抱き合っている写真を求めるケースは、よくあることです。寝ている間にスマホで撮影されているケースもあるでしょう。

でも、もし別れてしまったら？

リベンジポルノで、写真や動画をネットに流されてしまう可能性もあります。知らず知らずに加害者になってしまうこともあります。

送信者の許可なく、スマホの紛失やウイルスの感染等の理由で拡散してしまうこともあり、それが問題をさらに大きくしているのです。

最近、新型コロナウイルスの影響もあり、女子高生や女子大学生のあるバイト稼働日数が落ち、お小遣いほしさにパパ活を募集する女子高生や女子大生のツイッターの書き込みが増えているという現実もあります。

「コロナでバイトが多くなくてＰ活始めました。条件はＤＭでお願いします。秘密厳守します♡」

「コロナでＰ活も規制しようと思ったけど無理～。コロナ対策、万全にします」

こうした書き込みに対し、

「奨学金の返済が大変な方、母子家庭の方、コロナで仕事がなくなった方、支援します！　気軽にＤＭください」

とツイートする男性もいます。

これが性犯罪の起因になっています。

事件１でも紹介しましたが、ＳＮＳで知り合った女の子をホテルに連れ込むなどの誘拐事件も多発しています。

ＳＮＳには性犯罪を狙う者がうようよしているのです。

対策

●たった1枚の写真からストーカー被害に遭うリスクを伝える

裸の写真を送ったら、そのあとどうなるのか。

子どもはそれを想像できない可能性があります。中には、ノリで送ってしまう子もいます。

どうか親御さんは、**写真を送ったあとにどうなる可能性があるのかを、お子さんと共有してください。**

間違った承認欲求で、注目されたいという程度の理由だけで、自撮り画像を送信しないことです。

そこでもし「かわいい！」というコメントが来たとしても、男は、あなたの人柄を見て「かわいい」「キレイ！」ではありません。残念ながら顔から下を見て「いいね！」をしているだけなのです。それを自分への評価だと思わないで、「いいね！」をもらっても嬉《うれ》しいと思わないでほしいのです。

仮に交際している相手でも、裸の写真や動画は撮らない、撮らせない。これがルールです。

たった1枚の写真から、ストーカーにつながることもあります。

女子高校生の制服の自撮り写真を、鍵をかけていないツイッターにアップしたところ、ストーカー被害に遭った例もあります。

インスタで「＃ＪＫ」で検索しただけで女子高校生の自撮り写真が何万件と出て

きます。ということは、それだけ女子高校生たちがそれらの写真を全世界に「公開」しているということなのです。

例えばインスタに投稿している「Ｈａｎａ」という女子高生の画像を見て「かわいいな」と思ったとしましょう。その子はアカウントに鍵をかけていないので、アップされている画像は自由に見られます。

制服を着ている画像があれば、その特徴から、学校を割り出そうとします。

でもＨａｎａさんは制服の画像は載せていません。でも、これで安心してはいけません。

タグが付いているＨａｎａさんの友だちをどんどん検索していきます。「いいね！」が付いている友だちのページに飛び、プロフィールを確認します。同級生らしき友だちが見つかると、その子が着ている制服や、学校の略称を投稿文に入れていることがわかり、学校名がわかってしまいます。場合によっては住んでいる場所も。

過去の投稿から、友だちから「ハナコ」と呼ばれていることもわかり、この女の子の下の名前もわかってしまいます。こうして「いいね！」から芋づる式に個人情報が次々に明かされていきます。

自分では個人情報を公開していないつもりでも、友だちのコメントや、友だちに送ったコメントからバレてしまうこともあるのです。

対策としては、

●SNSのアカウントに鍵をかけて非公開にすること。
●アカウントに自撮り写真や個人の特定につながる情報を投稿しないこと。
●画像の背景にも注意すること（電信柱やマンホール、ガードレールの模様から住所が特定されてしまう）。
●リスクを回避するために、画質やサイズを落とす、ポートレート設定で撮影する等して背景にぼかしを入れること。

などを教えてあげてください。自撮り画像を公開することで、ストーカー被害に遭う手口についても、伝えておきましょう。

●「いいね！」より「リアルいいね！」

ＳＮＳへのルール以前に、子どもの承認欲求を満たすこともとても重要です。

先ほどもお話ししましたが、子どもたちは、「いいね！」をもらうことで承認欲求が満たされる部分があります。

ＳＮＳは、投降した60秒後にはフォロワーから「いいね！」の評価をもらえます。「いいね！」ほしさに自分を着飾ったり、裸や下着の写真を送ったりしてしまうとしたら、その子の承認欲求は相当深刻なレベルにきているのではないでしょうか。

私はよく、学校で保護者や子どもたちに講演会をするときなどに、

「『いいね！』よりも『リアルいいね！』で正しい承認欲求を満たしましょう」

と、お伝えしています。

全然知らないフォロワー１００人の「いいね！」よりも、リアルな友だち１人からの「いいね！」のほうが価値があると思いませんか。１人でも２人でもいい、信頼できる友だちがいればいいのです。

自己肯定感の低い子どもほど、ネット空間での承認欲求が強くなると言われていま

す。

リアルな世界で自己肯定感が低ければ、ネットやスマホにどんどん依存するようになります。ネットやスマホで承認欲求が強くなることの怖さは、今までお話ししてきたとおりです。

親御さんができることは、子どものいいところを見つけるようにすることです。

これが簡単なようで難しいのですが……。

大人同士でもそうですが、相手の悪いところは簡単に見つかるのに、いいところは、見つけようと意識しないとなかなか見つからないものです。

私は少年野球にかかわっているので野球を例にしてみます。

例えば1—0の接戦で子どもがヒットを打つとコーチや保護者はとても喜びますが、20—0で負けているときにヒットを打っても、大人の喜び方が違うのです。はっきり言って、喜び方が薄い……！

本来なら、どんな状況であれ、ヒットはヒット。同じように喜ぶべきです。負けている中でヒットを打って大喜びしているのは、私だけでした。

子どもは小さな成功体験をどれだけ積めるかが大切です。私は小さな成功体験をどんどん積み、野球を続けることができました。

私が小学校5年生のとき、ある大会で優勝をしたことがあります。そのときのエースはもちろん6年生。私は9番・ライトでした。エースも活躍しましたし、4番の6年生もホームランを打ちました。私はその試合ではヒットは打てず、送りバントを1回、ライトゴロを2回さばいただけ。地味な活躍でした。

でも試合の後、監督が私をすごくほめてくれたのです。「お前のおかげだ。お前があそこでゴロをさばいてくれたから、勝ちにつながったんだ」と。そのときの私の気持ちは一言、「俺、すげぇ!」でした。承認欲求が満タンになった感じです。そこから野球の力がぐんと伸びました。私の小さな成功体験ですが、今でもそのときの喜びを覚えています。

子どもにとっては何気ないことでも、いいところは必ずあります。そこをほめてもらうと、成功体験になります。子どもは一人一人違います。テストで100点を取るのが当たり前の子もいますが、50点取れて、本人は十分頑張ったと思っている子もいます。その子のいいところをぜひ見つけてあげてください。

事件5　SNSへの誹謗中傷

中学2年生のハルカは、３日前からずっと部屋に閉じこもったままだ。

話はひと月ほど前にさかのぼる。

中学に入学して初めて入ったバレーボール部では、練習もきつかったけれど頑張っていた。でもある日を境に、急に友だちや先輩の態度が冷たくなったのだ。

原因はわからない。

通学路で同級生のそばを通ると「キモッ」と言われたり、私のほうを見て、ゲラゲラ笑われることがあった。

クラスの友だちの態度も最近おかしい。

休み時間も、急に私を遠ざけるようになったのだ。

思い当たるとすれば、クラスでひときわおとなしく目立たないA子ちゃんをみんなが笑いながらいじめていたのを、私がかばったことだろうか。

「何をエラそうに」「何様のつもり?」「優等生ぶっちゃって」

そんな言葉が聞こえるようになった。

学校に行きたくない。でも私はこんなことで学校を休むのが悔しくて、何事もないような顔をして学校に通っていた。


そして今週の月曜日。

朝、教室に入ると、みんなが一斉に私の顔を見て、クスクス笑っている。

「何?」と聞いても、みんなが私から目をそらす。

もやもやした気持ちのまま1日を過ごし、帰ろうとすると、クラスの中で唯一、中立的で、先生からも信頼の厚いB子ちゃんがおずおずと近づいてきた。

「ハルカちゃん、知らないの?」

「何のこと?」

「ハルカちゃんの動画がYouTubeにアップされてるよ」

家に帰り、急いでスマホで確かめる。そこには私が通学している様子を撮影した動画や、なぜかバレー部で練習中の動画までもがアップされていた。

それだけならまだよかった。そこにはわざわざ、「キモい」「ブス」「デブ」「うざい」「死ね」「マジで消えろ」といったコメントまで付いていたのだ。

次の日から私は、部屋から出られなくなった。


学校では全校保護者会が開かれたようだ。

動画をアップした犯人は、同じクラスの男子2人。でも、裏で操っていたのは、バレー部の友だちや先輩だった。

クラスの男子は、私が優等生ぶっているのが気に食わなかったらしい。バレー部の友だちや先輩は、私がバレー部の顧問に気に入られていたのが気に食わなかったらしい。それでみんなで共謀して、私の動画をアップしたということのようだった。

その後、ここまで大ごとになるとは思わなかったらしく、クラスの男子や部活の友だちから「謝りたい」という連絡が来た。

でも私の心はもう戻らない。もうここから出られない。

だって動画をアップした子たちだけじゃない、それを見て、みんな笑っていたじゃないか。笑っているだけじゃない、哀れむような目で見ていた子や、かかわりたくないという感じで目を合わせようとしない子もいた。私がかばっていた、いじめられていたA子ちゃんまで、今は「あっち側」の人間だ。

私が何をしたというのだろう。

みんなみんな共犯者だ。みんなみんなみんな敵だ。

私は部屋から出ないことで、復讐《ふくしゅう》するしかなかった。

死んでしまいたい。死ぬしかないのかな。死ねばきっとラクになる。

お父さんお母さん、大好きだよ、ごめんね……。

解説

●なりすまし投稿による誹謗中傷

小学生・中学生のネットトラブルの発生件数で、常に上位にくるのが「誹謗《ひぼう》中傷」です。

最近では、SNSから数多くの誹謗中傷メッセージを受けた女性が自殺に追いやられてしまった事件をはじめ、ネットでの誹謗中傷は社会問題となっています。

それは、小・中学生でも同じなのです。

誹謗中傷や、ネットによる悪口や仲間はずれは減ることがありません。

実は私も、ある番組のコメントの説明不足によりプチ炎上し、「1時間土下座する動画をアップしろ」「メディアに出ることを喜んでいる姿に吐き気がします」といった誹謗中傷を受けました。

例えば、

●女子中学生が、無料通信アプリで、ある女子生徒数名から自分とわかるような隠語で「うざい」「大嫌い」「消えろ」などの悪口を書き込まれた。生徒はその後、学校に行けなくなった。

●ある複数の中学生の生徒が、別の男子中学生に黙って無料通信アプリのグループをつくり、悪口のやりとりをしていた。それを知った本人は、「仲間はずれにされている」と思い、学校を休みがちになった。

●小学生の男子が、携帯ゲーム機で、ある小学生女子児童の顔をおかしな顔でキャラクター化、ネットの掲示板に公開した。その後、それを見たほかの男子たちがからかうようなコメントを掲載した。

また、なりすまし投稿による誹謗中傷も増えています。

他人になりすましてネットの掲示板などに嘘の書き込みをしたり、友だちをおとしめるような書き込みをしたりするのです。

例えばB君が、C君のことが気に入らず、C君を陥れたいと思っていたとします。そこでまず、B君は別のA君になりすまします。

A君になりすましたB君が、「Cは、○○という店で万引きをして補導されたらしい」と嘘の書き込みをします。

するとそれを知ったC君はA君に抗議。「万引きなんてしてないのに、適当なことを書くなよ！」と怒ります。

身に覚えのないA君は、「そんな書き込みはしていない」と言います。

これも調べればすぐにB君の仕業だとわかってしまいます。

「ネット上なら誰が書いたかわからない」と思っていたB君はびっくり。慌てて削除してももう遅い、というわけです。

●気軽な「いいね！」やリツイートも罪になる

ここで怖いのは、その投稿を見た第三者が、内容を信じ込む、あるいは面白がってさらに拡散してしまうことです。拡散をして間違った情報を広めてしまうことは、書き込みをした当事者と同じくらい、罪深いことなのです。

また誹謗中傷を直接書き込みしていなくても、「いいね！」やリツイートをしただけで、同じ罪に問われます。

元大阪府知事の橋下徹さんが自身に関する記事をリツイートされ名誉を毀損《きそん》されたとして、ジャーナリストに慰謝料を請求した訴訟で、橋下さんに勝訴判決が下されたということが話題になりました。ジャーナリストは控訴しましたが、二審でも一審の判決が支持されました。

たった1回のリツイートが名誉毀損になるケースがあるのです。

リアルな世界でも、例えば誰かが友だちの悪口を言って、「そうだよね」とうなずいただけで、「あの子も一緒に悪口を言っていた」とされてしまうことがありますよね。

それと同じではないでしょうか。

本当はそう思っていなくても、とりあえずうなずいてしまう。そうかもね、という程度に気軽に返事をしてしまう。リツイートの気軽さにも、そんな危険が潜んでいる気がします。

誹謗中傷する人たちに共通する3つの特性があります。

1つは、**間違った正義感を持っている**こと。

「私は正しいことをしている」という間違った認識や価値観のズレがあり、偏った意見を発信してしまうのです。

2つ目は、**想像力の欠如**です。投稿したら、これがどうなるのか、自分の言動が犯罪になるという想像力がないのです。

誹謗中傷する人は、10代など圧倒的に若い人が多いそうです。物事の奥行きをよく考えず、軽い気持ちで発信してしまうのでしょう。私の中傷コメントもまさにそうでした。真実をわかっていないのに、ずれた視点で指摘している。

刑事ドラマなどはいい例です。私は刑事ドラマを見ることができません。なぜならあまりにも現実と違うからです。

「なんでいつも崖の上で犯人と対峙《たいじ》しているんだ？」

「なぜいつも拳銃を一丁持って、犯人がたくさんいる工事現場に行くんだ？　殺されに行くようなものだよな」

「こんなに拳銃をぶっ放したら訴えられちゃうな」

「自分の推測で取り調べをしたら冤罪《えんざい》が生まれるよな」

こんな感想を持ってしまうからです（笑）。でもテレビドラマはあくまでもエンターテインメント。違うと知っているから楽しめる面もあります。リアルはもっと奥深いものです。少し話がずれてしまったかもしれませんが、安易な誹謗中傷は、ドラマをリアルだと思い込み、論点がずれた指摘をしていることと同じです。

ＳＮＳで自分の意見をアウトプットできる場があるのはいいことですが、奥深さを知った上で発信をしないと、的外れな発言になってしまいます。

３つ目は、**間違った承認欲求がある**ことです。

「これをすれば周りに評価や共感をしてもらえる」という認識が強く、みんなに認めてほしいのです。「いいね！」をもらえることで承認欲求を満たしているのでしょう。

対策

加害者にならないために

親御さんはぜひ、軽い気持ちでの投稿が、犯罪につながってしまうことを教えてあげてください。

子どもを被害者にさせたくないのはもちろん、時として加害者になってしまう可能性もあるということを、理解しなければなりません。

加害者にならないためには、

- **匿名の投稿であっても、誰かが傷つくようなことは投稿しない。**
- **実際に顔を合わせて言えないなと思った言葉を投稿しない。**
- **ネットに一度書き込みをしてしまったら、永久に消すことはできないことを知っておく。**
- **本当かどうかわからない情報に対して、軽々しく「いいね！」やリツイートをしない。**

匿名であっても、法的な手段によって発信者を特定することができます。プロバイダの記録から、書き込みを行った本人を特定することができます。

誹謗中傷したＳＮＳの投稿やアカウントを削除しても、サイトの管理者のサーバーに記録されていたり、投稿した内容を他人がキャプチャやスクリーンショットで撮影している場合が多いのです。それらの情報から投稿内容や投稿者が明らかにされることも多いでしょう。

多くのＳＮＳでは、誹謗中傷は利用規約で禁止されています。

もしも精神的な被害や金銭的な被害を与えてしまった場合、損害賠償を請求される可能性もありますし、事実でない噂《うわさ》を書き込むなどして人の心や体を傷つけてしまった場合、傷害罪や名誉毀損罪、侮辱罪になることがあります。

また、先ほどもお話ししたとおり、誹謗中傷に「いいね！」をしたり、リツイートしたりしただけでも、誹謗中傷したことと同等になり、損害賠償の対象になります。

今警察は、ネット上の脅迫的な誹謗中傷を積極的に事件化する傾向にあります。

それは、ネット上の書き込みを犯行予告、あるいは犯行の前兆として捉え、重大な事件に発展することを防止する目的があります。

ＳＮＳの書き込みやダイレクトメッセージ（ＤＭ）、そして口頭や文書で誹謗中傷した時点で犯罪が成立し、それらが被害者に届き、被害者が目にした時点で犯罪が既遂（犯罪が完成すること）したことになります。

自分の言葉が間違って相手に伝わって傷つけてしまうこともあります。大人でもこのようなことはよくあるのですから、子どもならなおさらでしょう。誤解をされたとき、それを解く習慣をつけることも大切です（第３章でお話しします）。

もし自分が同じ立場だったらどう思うか、想像力を働かせてみることも大切です。リアルに面と向かって本人に言えないことは、ネット上でも言ってはいけないことを伝えてください。

●誹謗中傷の被害を受けたら

もちろん、未成年が誹謗中傷の被害者になる場合も少なくありません。10代の死亡原因の第1位が自殺であることを考えると、誹謗中傷を野放しにしておくことはできません。

先ほど紹介したように、私自身、ＳＮＳがプチ炎上し、誹謗中傷をされたことがありました。エゴサーチ（自分の名前やハンドル名を検索し、ネット上での自分の評判をチェックする行為）をしてしまうと、マイナスの内容しか入ってこない状態です。ネットの中だけを見たら、正直なところ私のことをわかってくれる人は誰もいませんでした。

そんなとき、仲よくしているドランクドラゴンの鈴木拓さんから連絡が来ました。ご存知の方もいるかもしれませんが、鈴木さんもよくネットで炎上をしている芸人です。その鈴木さんの言葉に、私は救われました。

どんな言葉を言われたと思いますか？　ここで突然ですが、クイズです。左の空欄を埋めてみてください。

「現実□逃げろ」

いかがですか？　もしかすると多くの人が「現実〝から〟逃げろ」と答えたのではないでしょうか。

答えは「現実〝に〟逃げろ」です。

ネットの中のトラブルは、ネットでは解決しません。炎上を収めるには、鎮火するまで待つしかありません。

私の発した言葉の真意がわかるのは、私のリアルな友だちです。本当の私を知っている友だちは現実の中にいます。リアルな友だちに「大丈夫だ」「気にするな」と言ってもらえることで、どれだけ救われるでしょうか。

ネットだけ見ていたら「俺は本当にダメなんだ」と思ってしまうかもしれません。でもネットでいくら炎上をしていても、実は私の発言などまったく気にしていない「サイレントマジョリティ（多くの静観者）」が圧倒的です。ただ、マイナスのことを言う人たちが発信し続けるので、それが目立って見えるだけ。

何千万人が気にしていなくても、１００人が誹謗中傷したら、それだけでまいってしまう人もいます。

被害を受けた場合は、お子さんが大人にすぐに相談できるような関係性をつくっておくことが大切です。大人は「親」でなくても構いません。

その際、誹謗中傷されたメールを見るのはつらいかもしれませんが、証拠となるため、消去しないようにしてください。

最後に、子ども自身が「やめたほうがいいのかな？」と思うことは、もちろんしないほうがいいですが、その「やめたほうがいいこと」の見極めが、子どもはまだ不十分です。大人がアドバイスできればいいのですが、すべてをチェックすることは不可能です。繰り返しになりますが、まずは日ごろから、

- **一度投稿したものはデジタルタトゥーとして一生残ること。**
- **ＳＮＳは未来の自分のために活用すること（未来の自分のためにならないことはしない）。**

こうしたことを伝えてください。

ＳＮＳの基本的な使い方については、第２章でお話しします。

コラム

ルポ　闇バイトに騙された大学生の話

9月のある日、実際に投資詐欺に遭い、さらに闇バイトによる詐欺に遭いそうになったという大学生に直接話を聞くことができました。待ち合わせの喫茶店に現れた彼の印象は、いかにもお金が好きそうな派手な大学生……ではありませんでした。話してみると性格は大人しく素直で、受け答えもはっきりできる好青年。現在私立大学の4年生で、将来は教師を目指しているとのこと。中高時代から野球をしていて、犯罪経歴はもちろんなく、過去だまされたこともなかったそうです。

ただ本人が言うには、誘惑に弱く、人から頼まれると断れない性格。そしてお金に対する願望が強いほうだったそうです。とても詳しく話してくれたので、その一部をわかりやすく箇条書きで紹介しましょう。

投資詐欺

- ツイッターのアカウントを使って、現金プレゼント企画のアカウントをたくさんフォローしていた。その理由は、お金に興味があり、現金プレゼントをしている起業家から本当に自分の友だちが10万円をもらった経緯があって、ほかにも同じようにお金を配ってくれる人がたくさんいると思っていたから。

●ツイッターをフォローすると、おいしい投資の話、副業やいい資金調達方法ありますよ、などのダイレクトメッセージがたくさん来る。そのアカウントの多くに札束の写真が投稿にあり、この人たちはお金をたくさん持っている人なんだと思ってしまった。

●メッセージのやりとりをしていたら、「今日会えるか」と言われ、お金がほしいので会うことに。都心のホテルのカフェで待ち合わせをしたら、20代前半くらいの華やかな容姿の女性Aさんが現れ、「将来、教師を目指している」ことなどを話した。その女性は、「昔はだまされて借金をたくさんしたけれど、今は、いろいろな人に助けられて稼げている」などと言い、投資のチャートも見せられた。

●投資をしている人や経営者もたくさんくるパーティに誘われて出席。みんなやっているから投資は安心だよとAさんに声をかけられ信頼をもち、投資したい気持ちが加速した。

●車を転売することによる投資話を勧められた。最初の2カ月は5万円をもらったが、その後、全くお金が入って来ず、初めてだまされたことに気づいた。

闇バイト（未遂）

●投資詐欺に遭った後も、お金がほしいという誘惑に負け、副業、資金調達などのワードで検索。「今から稼げる単発仕事あります」の言葉に誘われ、メールを送った。

●相手から、以降はテレグラムでやりとりをするというメッセージがきて、テレグラムを使ってやりとりをした（注：テレグラムとは、ロシアで開発されたインスタントメッセージシステム。一定の時間が経つと消えるため、犯罪に使われることがある）。

●相手から頼まれた仕事は、事前に承諾を得ているお客様からキャッシュカードを預かって、代わりに引き落としてあげる仕事。「担当にそのカードを渡す仕事だよ」と言われた。さらに「キャッシュカードを盗む人が多いので、保証になるものとして免許証と学生証を写真で送って」と言われ、免許証と学生証の写真を送った。

●「ほかに、仕事に何が必要ですか」と聞いたら、某コンビニのポイントカードなどを10枚そろえること、白い紙とネームプレートと封筒、メモ帳2つ、ハサミ、ノリを用意してほしいと言われた。

●「当日銀行員の名刺を用意します」と言われ、あらかじめ用意したものと写真を見せてくださいと頼まれ、封筒やメモなど用意したものを写真で撮影して相手に送った。また、服装はチノパンにポロシャツにしてほしいと言われ、その服装も写真で送った。

●都内のC駅に集合してほしいと言われ、「やりたい友達を紹介したら、何パーセントか取り分をあげるから」と言われ何か怪しい気持ちになり、インターネットで調べたら、これはキャッシュカード詐欺と気づいた。

●C駅に行かないと断ると、「もし逃げたら教師になることはできないよ」と脅された。そのあと、怖くなって、連絡が来てもずっと無視をした。

いかがでしょうか。だまされるほうが悪いと言うのは簡単です。

でも大学生くらいになれば、高額なお金が必要になったり、お金持ちに憧れたりすることは決して珍しいことではありません。また、だまされるほうも、犯罪を犯してまでお金を稼ごうと思っているわけでもありません。

純粋な学生さんほど、「前澤さんのように、〝若い人を応援したい、困っている人にお金をあげたい〟と思う人が世の中にはたくさんいる」と思っていたりします。

あなたのお子さんは、大丈夫ですか？

持続化給付金詐欺

次は、最近多くの人がだまされた持続化給付金の詐欺の話です。

私の知人の息子さんが実際に詐欺に遭い、話を聞くことができました。

持続化給付金とは、新型コロナウイルスの感染拡大で経営や仕事に大きな影響を受けている中堅・中小企業、小規模事業者やフリーランスを含む個人事業者に対して、事業の継続を支えるために給付しているお金です。

だまされたのは18歳のＢ君です。不正受給が発覚したのは、Ｂ君の父親に、ある会社の社員からかかってきた電話でした。その内容は、「息子さんから弊社の社員に持続化給付金を不正受給してお金を稼ごうという誘いのＬＩＮＥを受けている。弊社としてはこの事実を看過できないため、連絡した。もし犯罪行為をしているのであれば、持続化給付金を返済した上で、警察に出頭したほうがよい」というものでした。

父親がＢ君に連絡すると、１００万円不正受給したことを素直に認め、警察に出頭しました。

Ｂ君が不正受給した経緯は以下のとおりです。

●インスタグラムで「簡単にお金を稼ぐことができる」といった内容の投稿を見て、Ｂ君が投稿者（今回の主犯）にダイレクトメッセージを送る。

●相手（犯罪者）から、「持続化給付金は、本来はもらえない18歳以上の学生でも社会人でも生活が苦しいのであれば30万円をもらえる」とメッセージがくる。お金がほしかったので、その話に乗る。このとき、犯罪者に自分の個人情報を伝える。このときＢ君には、これが詐欺になるという認識は全くなかった。

●犯罪者から「まずは確定申告をしなければいけないから、こちらで作った確定申告書を税務署に持っていくように」と教示を受け、税務署に確定申告を行う。

●確定申告終了後、犯罪者と電話をつなぎながら、持続化給付金をインターネットで申請。申請は全て犯罪者から電話で教えてもらいながら入力する。

●申請後2週間くらいで100万円が着金されたので、そのお金の手数料として70万円を、その日のうちに犯罪者に手渡しする。犯罪者（20歳前後の男性）は自宅近くまでお金を取りに来た。

●そのとき、「同じやり方で紹介をしたら1万円あげる」と言われ、友人の社員などにLINEをする。

●テレビのニュースで持続化給付金詐欺が報道されるようになり、怖くなって紹介をやめた。

どう思われましたか？

読んでわかるように、Ｂ君は持続化給付金のニュースが流れるまで、これが詐欺だとも気づいていませんでした。しかも、給付された１００万円のうち、手数料として70万円も犯人に渡しています。手元には30万〝しか〟残らないことになりますが、Ｂ君からすれば「30万円〝も〟手に入った」と思ってしまったようです。

しかも、最終的には１００万円を返金することになり、Ｂ君は大損をしたことになります。もし身近に、資格がないのに持続化給付金を不正受給している人がいたら、ぜひ、まずは１００万円を返金して、警察に出頭するように助言してあげてください。

それは、その人の個人情報を知ってしまった犯罪者からこれ以上、狙われないようにするためです。警察に摘発されることを恐れて、犯罪の深みにどんどんはまり込み、犯罪を重ねてしまうよりも、わかった時点で自首することが、何よりも本人のためなのです。

第2章

クイズで学ぶ！
スマホに潜むワナと
安心安全な使い方

ネットは犯罪の起因になるのは間違いありませんが、行動を起こすのは子ども自身。
でも、オンライン化はどんどん進み、スマホやネットは日常に欠かせないツール。
スマホを「持たせない」時代から「早く持ちなさい」という時代に変わっていきます。
だからこそ子どもを守るために大人も勉強する必要があります。
親子で知っておきたい上手なSNSの使い方、正しいスマホの使い方を紹介します。

問題1　人物像当てクイズ

どんな人物を思い浮かべますか？

私が子どもたちに行っている「スクールポリス」の活動は、
犯罪リスクの低減を目的としています。
その講演の中で、中学生や高校生に出している問題です。

こんなプロフィールを見て
どんな人を思い浮かべますか？

年齢は25歳です。
若手が頑張ってくれ、収益は右上がり。
収入は昨年よりも激増です。
先月、高級車ベンツを
現金で買いました。
毎日、パーティーをしています。

この人の人生について、どう思いますか？

こう子どもたちに聞くと、

「すげえ金持ちの実業家か？」

「若いけど会社の社長なんだ」

など、自分のまわりでは知り合えない若手のビジネス成功者をイメージするかもしれません。

正解は、「振り込め詐欺グループのリーダー」です。

●SNSの特性——性別や年齢を隠せる

振り込め詐欺グループのリーダーは「詐欺をやっているよ」と言って近づいては来ません。当たり前ですよね。皆さんをだまそうとしているのですから。

振り込め詐欺をするような人は、誰が見ても「詐欺師です」とわかるような人は少なく、真面目なエリートビジネスパーソンのようなタイプも多くいます。

そういった人たちが、豪勢なマンションに住んでいることを匂わせながら、

「今度うちでパーティーをやるから君も来ない？」

と言われたら、どうしますか？

何かいい話があると思い、行ってみたいと思いませんか？　先のクイズで若くて成功した、かっこいい社長だと思った人は、付いて行ってしまう人が多いかもしれません。実際パーティーに行ってみると、たくさんの人がいて、自分も同じようになりたいと強く感じ、投資詐欺や闇バイトを手伝うことになってしまった大学生を私は知っています。

第1章でもお話ししたように、もう身元が割れてしまっているため、抜けようと思っても抜けられなくなります。

そもそも「25歳で高級ベンツを現金で買う」「毎日パーティーをしている」という上っ面だけの情報を見て、その人物の本質を見抜くことはできません。

年齢に関係なくいろいろな人と知り合える。これがSNSの良さでもあり怖さでもあります。

とくに子どもの場合、ＳＮＳではいきなり趣味の話からスタートすることが多いですよね。

例えば、オンラインゲームや好きなバンドなど、共通の話題があれば、年齢・性別問わずつながってしまいます。そこで第1章でも紹介したように、子どもは簡単に人を信用してしまうのです。**ゲームが強い、ゲーム上で人をまとめるのがうまい、お金を持っているといった間違った物差しで人を信用してしまいます。**

中学生の女の子のグループに入るために、40代の男性が女性の名前でアカウントをつくってその輪に入っていた、などという話はザラにあるのです。

SNSは未来の友だちを探すという意味ではとてもいいと思います。

私も、SNSを通じて幅広い業界の人と知り合うことができていますし、仕事においても必要不可欠です。

ただ、子どもに知っておいてほしいのは、**SNSでは別人格を作ることができる**ということ。

私は、ネットの中だけで人を見極めることは難しいと思っています。もちろん、大人でも、です。

ネットの中では本性を隠せます。それどころか、**性別や年齢も隠せます**。別人格で人と接触することができます。

ネットの中で知り合った〝素敵な〟人と、素直に「会ってみたい」と思うのが、子どもです。

だからこそ、子どもに早くスマホを持たせて、早くからネットリテラシーを学ぶ機会を増やすことが大切です。

私は小学生からスマホを持たせるべきだと思っています。コロナの影響でこれからますますオンライン化が進み、スマホを持っているかどうかで教育格差さえ生まれる時代です。子どもにスマホを持たせた上で、どう使うか。この教育は待ったなしの状況なのです。

社会人になったとき、ネットリテラシーを持っているかどうかは、いつからその教育が始まっているかによると思います。

情報漏洩《ろうえい》の怖さや、スマホ（ＳＮＳ）によってどのような犯罪に巻き込まれる可能性があるかを知っている。早い時期からそういった教育を始めておけばそれだけ、ネットリテラシーの高い社会人になるでしょう。

問題 2　特定班クイズ

個人が特定される情報はどれ？

次の投稿写真を見てください。
特定班（投稿写真や動画の個人を特定し、
その個人情報をさらして再拡散する人）は、
どこを見て、個人情報を特定するでしょうか？

Hana　@hanako_seishun
今日から高校生です！

Hana　@hanako_seishun
うちのマンションから見えた虹♪

特定班は、何気ないＳＮＳの書き込み内容から、個人情報を探し出します。

さすがに自分の本名や住所、電話番号まで書き込む人はいないと思いますが、それでも写真の内容や複数の投稿内容を組み合わせて、プロフィールを特定していきます。

●風景の写真にも要注意

制服の写真をアップすることは絶対にＮＧです。

私の知るケースでは、女子高校生が自宅から撮影した制服の自撮り写真から住所を特定、自宅を割り出され、ストーカー被害に遭った例がありました。

全国の高校の制服をまとめたサイトがあり、制服のリボンやスカートの色や模様などの特徴から、検索をかけて似ているものをピックアップすることもできるのです。

また同様に、

「明日は文化祭。ダンス部の発表、超たのしみ〜♪」

といった文化祭や運動会などの学校のイベントの書き込みからも、学校を特定されてしまうことがあります。

チェックされているのは、本人が投稿している内容だけではありません。

フォロワーの書き込みなどから友人を特定し、本人の下の名前やあだ名、学校名、最寄り駅、彼氏の有無などもわかってしまいます。

最寄り駅や学校などがわかったら、かなり絞り込みができたことになります。最寄りの駅や学校付近で待ち伏せて偶然を装い接触、執拗《しつよう》なストーカー行為に発展するケースもあります。

例えば「うちのマンションから見えた虹♪」（１１９ページ）などの風景のみの写真なら大丈夫かというと、そうではありません。

写真に写り込んだ情報、例えば交通看板、電車、バス、建物の看板、信号、踏み切りなどから情報を絞り込むことができます。

看板から文字を読み取ることができれば、グーグルマップで検索して絞り込むことができます。

また「自宅（マンション）から撮影」したというコメントがあるので、自宅から見える方角に何があるか特定することができ、自宅の場所にあたりをつけることができます。

ゴルフ練習場のネットやボウリング場、バスの車庫などは数が少なく、場所が特定しやすいと言われているので注意が必要です。

つい書き込みがちなのが交通情報や気象情報です。

例えば、

1「〇〇線が止まった！　遅刻しそう」

2「雷マジ怖い！　家の近くに落ちたっぽい」

3「ゲリラ豪雨。駅から出られない」

4「家の向かいの小学校の近くで工事中。勉強に集中できない（涙）」

1リアルタイムの交通情報を調べれば、使っている沿線がわかってしまう可能性が大です。

2と3落雷やゲリラ豪雨は気象庁のホームページから調べることができ、居場所を絞り込むことができます。

4工事の情報や工事期間などは、建設局のホームページに明記されているので、ここに「小学校の近く」という条件をプラスすれば、かなり居場所を絞り込むことができます。

先にも触れましたが、ガードレールの模様（東京23区は区ごとにデザインが違う）は地域限定のデザインだったり、マンホールは区や市の名前が入っていることがあるので、自宅付近で撮影した写真に写り込んでいると、自宅を特定されてしまう可能性が高くなります。

●SNSの使い方の基本4原則

お子さんにぜひ伝えてほしい、ＳＮＳの使い方の基本４原則を紹介します。

1 SNSは将来の自分のために使うもの
（誹謗中傷したり不適切動画は未来の自分の汚点になる）

2 投稿は友だちだけの限定公開

3 会ってもいない友だちを登録しない

4 いいね！の数・フォロワー数を評価しない

❶については、第1章でもお話ししたとおりです。たった一度の不適切動画や投稿、軽い気持ちで送った誹謗中傷のコメントがデジタルタトゥーとして残り、人生を左右してしまうことがあります。

匿名性の高いSNSの場合、どうしても普段よりも大胆になりがちですが、リアルな世界でやってはいけないことは、ネットの世界でもやってはいけません。本人に面と向かって言えないことを投稿しない、みんなの前で見せられない動画は投稿しない、これが基本です。

誹謗中傷によって、誰かが命を絶ってしまったら、取り返しがつきません。軽い気持ちの一言が、人の命を左右することを知っておきましょう。

確信の持てないものについてリツイートしたり、デマを真に受けて拡散することも同様です。

❷投稿は友だちだけの限定公開にし、決して公開しないようにしましょう。

芸能人や著名人は公開している方が大勢います。この著名人の人たちは、事務所からネットリテラシーの教育を受けたり、投降する前に第三者が問題投稿ではないかチェックを受けた上で投稿しているのです。

今、ネットリテラシーが低い子が問題となる投稿をしたり、犯罪者からＤＭを受け犯罪に加担して被害に遭う子が増加しています。

公開しているということは、自分の投稿を全世界の人に発信しているという意味です。

例えばインスタグラムでのストーリーは限定公開機能があります。ストーリーを公開する場合、何も設定しなければフォロワー全員に公開されてしまいます。限定公開にすれば、プライベートな投稿は限定した友だちと共有したり、公開範囲が選択できます。

ＬＩＮＥについても同様に、タイムラインの公開範囲を設定することができます。投稿するときに公開設定で「全ての友だち」ではなく、特定の友だちだけに公開したい場合は、公開・非公開の設定ができ、変更もいつでもできます。

ツイッターは匿名で利用できる一方、誹謗中傷を受けたり、ストーカーに狙われたりしやすいというデメリットもあります。

ツイートをするときは、非公開設定にしましょう。フォロワー以外の人からはツイートが見えなくなります。

3 友だち登録は制限し、会ったことのない友だちに登録をしないようにしましょう。繰り返しになりますが、ネットの中では別人格になることができます。「会ってもいない友だち」は、もしかしたら年齢も、性別も、性格も、すべて嘘かもしれません。

やりとりをしていく中でどんなに信頼できる人だと思っても、リアルな世界ではあなたを陥れようとしている犯罪者かもしれません。本当かどうかは、誰にもわからないのです。人を信じることは素晴らしいことですが、一度も会ったことのない人を信頼してはいけないということを、子どもに伝えておく必要があります。

そして**SNS内の友だちの多さが「友だちが多い人だ」という間違った価値を持たない**ように教育することが大切です。

4 「いいね！」がほしい、フォロワー数を増やしたいという気持ちには、承認欲求が見え隠れしています。何度も言っているように、「いいね！」や「フォロワー数」で自己評価をすることはやめましょう。自分を偽ってまで評価を得る必要はないのです。

逆に、「いいね！」やフォロワー数の多い人を信頼したり、安易に「人気が高い人」と決めつけて憧れたりするのも危険な一面があります。

確かに芸能人のツイッターやインスタグラムは何万というフォロワーがいますが、自らが商品である彼や彼女たちが行っているのは、あくまでも仕事の一環であり、宣伝でもあります。個人のアカウントとは違うのです。

ぜひ知っておいてほしいことがあります。

フォロワー数や「いいね！」はネット上で簡単に買うことができるのです。ざっと調べただけで、インスタフォロワー数３０００人が２万６０００円、４万人が５万７０００円など続々出てきます。

フォロワー数が多い人が何か発信すれば、影響力が高くなりますよね。もはやこれはビジネスでもあるのです。その人が人気が高いとか、信頼できるといったところとは別の次元の話だということを知っておきましょう。

問題3　情報セキュリティクイズ①

親のスマホを使わせるとき、やってはいけないことは？

子どもがスマホの人気ゲームをやりたいと言い出しました。
スマホを子どもに使わせるうえでまず、
やってはいけないこととは?

ゲームをやらせる時間でしょうか？
知らない人とゲームをすることでしょうか？
ウイルス対策でしょうか？
有害サイトを見ることでしょうか？

皆さんはどう答えましたか。

どれも大切ですが、正解は、**「親のアカウントを渡すこと」です。実は、これがいちばん危険なのです**。

原則として、13歳未満の子どもはアカウントを作ることができません。

ですからたいていの親御さんは、自分のスマホを使わせるか、子どもにスマホを持たせている場合は、親のアカウントでゲームをやらせているのではないでしょうか。

これはつまり、お子さんに親のアカウントとパスワードまで教えている人が多いということです。子どもに親のアカウントとパスワードを教えることは、絶対にしてはいけません。年齢制限があるはずの人気のバトルゲームを小学生ができてしまうのは、親がアカウントを渡しているからです。

とはいえ、13歳未満の子にゲームをやらせるなと言っているわけではありません。もしゲームをやらせるなら、13歳未満に限っては、親と共同アカウントにすることです。

●親子の共同アカウントの作り方

iPhoneの場合

ファミリー共有を設定し、子どものApple IDを作成する

❶ 自分（親）のiPhoneで「設定」→自分の「ユーザー名」→「ファミリー共有を設定」をタップする。

❷「ファミリー共有」の画面になるので、「今すぐ始める」をタップする。
❸ファミリー共有したい機能を選択。
❹「アカウントの確認」画面が出てくるので「続ける」をタップする。
❺お支払い方法（家族共通）の確認場面が出てくるので、問題がなければ「続ける」をタップする。
❻「ファミリーメンバーを招待」画面が出てくるので、「ファミリーメンバーを招待」をタップ。招待は「iMessage」「直接会う」「お子様用アカウントを作る」から選べるようになっている。

子ども用のApple IDを作成すると、子どももグループに参加でき、コンテンツ購入なども管理者である親のクレジットカードで支払いが可能になる。ただし、子どもは勝手に購入できない。「承認と購入のリクエスト」を有効にすることで、親の承認を得ると購入できるようになる。

Androidの場合

「Googleファミリーリンク」で子ども用Googleアカウントを作成する

1 まず、自分（親）のスマホにアプリ「Googleファミリーリンク」をインストールする。

2 画面の案内に従って、子どものアカウント作成のための情報を入力する。

3 続いて、子どものデバイス（端末）を用意するよう求められるので、画面の指示に従って子どものスマホで「お子様向けファミリーリンク」設定を行う。

基本的に、**親が子どものスマホを管理すること（ペアレンタルコントロール）は大切です。**

- **有害サイトの閲覧制限**
- **利用時間の制限**
- **アプリのインストールと利用の制限**
- **課金の制限**

はぜひ設定してください。

ＮＴＴドコモやａｕ、ソフトバンクなど各キャリアには**「あんしんフィルター」**などの名前で、有害なサイト、不適切なサイトやアプリから子どもを守るサービスが標準サービスとして付いています。子どもにスマホを持たせる際に、ぜひ設定しておいてください。

ただし、繰り返しますが、「有害サイトのブロックやフィルタリング設定をしたから子どもは安全」というわけではありません。〝行動するのは子ども〟です。何でもかんでも禁止するのではなく、なぜ禁止する必要があるのか、何が危険なのかを正しく理解し、子どもに伝えていかなければなりません。

●ゲームの課金の仕組みを理解しておく

課金については、実は親御さん自身がよく理解していないケースが多いようです。

無料のゲームアプリにはたいてい、お金を追加で払うことによってゲームを有利に進められる制度があります。これが課金制度です。

課金には、クレジットカードで支払う場合と、電話代に上乗せして請求される場合があります。

よく「子どもにスマホを与えたら、翌月30万円ものクレジットカード請求が来た！子どもが知らないうちにゲームを課金していた」などという話を聞きますが、本来、親が知らない間に子どもが課金することは起こるはずがないのです。

ではなぜ起こるのかというと、先ほどもお話ししたように、親のアカウントとパスワードを子どもが知っている、ということが大きいのです。

きちんと仕組みを理解した上で設定していれば、「子どもが勝手に課金」はありえないこと。先に紹介したファミリー共有などを利用して、子どものスマホを管理するだけでなく、金銭感覚が失われがちな「課金」の仕組みについて、子どもとよく話し合うことが大切です。

問題4　情報セキュリティクイズ②

スマホを落としたとき、乗っ取られないための対処法は？

あなたはスマホを落としました。
どこで落としたのかすぐ見当がつきません。
まず何をしますか？

スマホを落とした、もしくは盗まれたとしても、多くの人は、「画面をロックしているからまずは安心」という理由で、スマホの位置情報からスマホ探しをやるのではないでしょうか。

失くした場所に心当たりのある人は、すぐに「iPhoneを探す」（iOS13以降は「探す」）、Androidでは「デバイスを探す」という機能で探すことは間違いではありません。

ただ、心当たりのある場所にない場合、どこで落としたかすぐに見当がつかない場合には、「すぐに利用停止の連絡を入れる」のが正解です。

スマホに登録したクレジットカードや電

子マネー、キャッシュレス決済などの契約会社にも利用停止の連絡を入れないと、限度額いっぱいまで使われてしまう恐れがあります。

●SIMハイジャックによる乗っ取り

実際、スマホをなくしたときにすぐに利用停止をする人は、どれくらいいるでしょうか。ほとんどいないのではないかと思います。

「いいえ、私はすぐに利用停止の手続きをします！」という人もいるかもしれませんね。では、スマホの利用の停止をするための緊急連絡先を知っていますか？

私がアンケートをとったところ、「知っている」と答えた人は６％でした。

「緊急連絡先なんて、すぐに調べられる」と思っているかもしれませんが、あなたの手元には、今スマホはないのです。近くに家族や友人がいない限り、通信手段がありません。

位置情報を調べたり、通信手段を探したりしている間に、時間はどんどん過ぎていきます。利用停止に時間を要しているうちに、あなたのスマホは不正に使われてしまう可能性があるのです。

画面ロックをしているからといって、安心はできません。

今、「SIMハイジャック（スマホ乗っ取り）」という被害をご存知でしょうか？

その前に、SIMカードについて説明しましょう。

SIMカードはあなたのスマホの電話番号や識別番号や契約情報などが記録されているICカードのこと。スマホには必ず装着されています。

ただSIMカードだけでは個人の特定はできません。

そして今、SIMフリーのスマホもあります。例えば、ドコモのSIMカードの場合、通常はSIMロック（後で説明します）がかかっており、ドコモのスマホでしか使用できません。一方、SIMフリーのスマホは、どこの携帯電話会社のSIMカードを挿入しても使用できます。

大手の携帯電話会社のスマホで、SIMロックを解除した状態のものも、SIMフリーといいます。

もしあなたがスマホを落とした、または盗まれた場合、悪意のある人は**あなたのスマホからSIMカードを抜き、そのカードをSIMフリーのスマホに装着します**。そうするとどうなるでしょうか。

- **電話番号が乗っ取られる**
- **SMS（ショートメッセージサービス）が乗っ取られる**
- **IPアドレスが乗っ取られる**
- **SMS認証が不正に使われる**
- **アカウントが乗っ取られる**

あなたの電話番号やIPアドレスが乗っ取られ、電話番号からショートメール（SMS）も送れます。2段階認証にはよくSMS認証が使われますね。例えばインスタグラムやフェイスブックで2段階認証の設定をしていても、SMSに認証が届くため、アカウントを乗っ取られる可能性もあります。

またSMSを使って知り合いにショートメールを使ってフィッシングメールを送ることもできます。受け取ったほうも、知っている人からのショートメールなので、開いてしまう可能性が高く、そこで不正なアプリがインストールされてしまうこともあるのです。

それだけではありません。そこから個人情報が抜かれたり、クレジット情報が抜かれることもあります。また、ＩＰアドレスが盗まれた場合、もしもそこから掲示板に爆破予告をしたりすれば、警察はまず、爆破予告の犯人としてあなたを探し始めるでしょう。

これがＳＩＭハイジャックです。

●スマホを盗まれたときにやるべきこと

スマホを盗まれたとき、またはなくしてすぐに見つからない可能性が高いときにやるべきことは以下のとおりです。大人はもちろんですが、子どもがスマホをなくした場合でも、すぐに対応できるようにしておいてください。

❶利用を一時停止する

まず携帯電話会社に連絡を入れて、利用を一時中断しましょう。自分（と子ども）の携帯電話会社の連絡先は、必ずスマホとは別にメモなどをして、外出先でもわかるようにしておきましょう。

② 遠隔操作で画面をロックする

次にスマホを操作できないように画面をロックします。携帯電話会社に連絡した際に、条件を満たしていれば同時にロックすることが可能です。

主な携帯電話会社の連絡先

ドコモ　0120-524-360（24時間受付）

おまかせロック……ドコモに連絡を入れるだけで、携帯本体やスマホの画面にロックをかけることができる。おサイフ機能もロックできる。

遠隔初期化……パソコン（My docomo）から回線を指定して、ドコモスマートフォン・タブレットや、ドコモケータイ（spモード）の端末初期化およびSDカードに書き込まれたデータを遠隔で消去できる。

au（KDDI）　0077-7-113

（年中無休、24時間受付）

携帯を探す場合は、お客さまセンターで調べることもできる。上記番号が利用できない場合0120-925-314（年中無休、24時間受付）

ソフトバンク

ソフトバンクの携帯電話から　**113**

一般電話などから　**0800-919-0113**

楽天モバイル　0800-600-0500

SIMカードの利用停止・再開窓口

24時間年中無休受付

紛失対策アプリを入れてあれば、位置検索サービスを利用して遠隔操作でロックすることもできます。

3 キャッシュレスアプリを利用停止する

画面をロックできないと簡単に利用されてしまうキャッシュレスアプリは、すぐに利用停止の手続きをとりましょう。

主なキャッシュレス　連絡先

Pay Pay	0120-990-633 24時間年中無休
LINE Pay	0120-102-613
楽天ペイ	0570-000-348
d払い	ドコモの携帯電話から　151 一般電話などから 0120-800-000 （9:00～20:00年中無休）
au Pay	0077-7-111
J-Coin Pay	0120-324-367

●スマホを盗まれても困らないために

❶スマホを盗まれても困らないために入っているアプリをリスト化しておく

スマホが盗まれる、あるいはなくして悪用される可能性が高い場合は、クレジットカード、インターネットバンキング、交通系カード、各種ポイントカード、ゲーム、加えてフェイスブックやインスタグラムなど、お金や個人情報関連のアプリはすべて危険にさらされます。

すぐに利用停止の手続きがとれるように、入っているアプリなどを事前にリスト化し、利用停止の手順を確認しておきましょう。なくしてからでは何のアプリが入っていたかさえ、思い出せないこともあるからです。

❷SIM PINを設定しておく

お話ししたように、画面をロックしても、SIMカードを別のSIMフリーの端末に入れると利用でき、乗っ取られてしまいます。

これを防ぐのがSIMカードへのパスワード設定です。iPhoneでは「SIM

PIN」、Androidでは「SIMカードロック」といいます。SIMカードをロックするときのパスワード（暗証番号）は、簡単に判別できないものにしておきましょう。ただし、SIMカードをロックした後は、再起動をするたびにロック解除のためのパスワードを入力するという手間はかかります。また、パスワードを3回間違えると使えなくなるので注意しましょう。

SIMロックのやり方

番号を押し間違えてロックがかかってしまい、スマホが使えなくなったとき、それを解除するために「PINロック解除（PUK）コード」が必要になるため、前もってPUKコードを準備して設定することをお勧めします。PUKコードは各キャリアのホームページで確認できます。なお、機種やOSのバージョンによって若干の違いがあります。

●iPhoneの場合
「設定」→「モバイル通信」→「SIM PIN」→「SIM PIN」をオンにする。

●Ａｎｄｒｏｉｄの場合
「設定」→「セキュリティと位置情報」→「ＳＩＭカードロック設定」→「ＳＩＭカードをロック」をオンにする。

ここからが注意です。ここまで設定をすると、ＳＩＭカードをロックするための暗証番号の入力を求められます。

ここで、まずは各キャリア（携帯電話会社）や格安ＳＩＭ提供業者の定めた初期設定での数値を入力してください。**この段階で初期設定値（初期ＳＩＭ ＰＩＮコード）を入力せず、自分が決めた暗証番号を入力してしまい、３回間違えると、電話もネットも利用できなくなるので、注意してください（ロック状態を解除するためにはＰＵＫコードが必要です）。**

各キャリアの初期設定値は、

●ＮＴＴドコモ　００００
●ａｕ　１２３４

●ソフトバンク　9999

です（※その他、SIM PINを購入時に設定している人もいます）。

格安SIM業者の場合は、基本は回線元のキャリアと同じ初期設定値が設定されていますが、念のためキャリアや格安SIM業者のホームページやサポート窓口で必ず確認してから行ってください。

初期設定値を入力したら、「SIM PINの変更」から独自の暗証番号を入力します。

繰り返しますが、必ず初期設定値を設定した上で、自分独自の番号に変更してください。独自の暗証番号は、忘れないようにしておくことはもちろんですが、だからといって誕生日や電話番号など、他人が推測しやすい番号は避けるようにしましょう。

SIMカードをロックするのは面倒くさいと思う人もいるかもしれません。でももし悪意のある人があなたのSIMカードを盗んだら、キャリアが設定している初期設定値を入力すれば、簡単に解除できてしまいます。

スマホが盗まれても、SIMロックを解除する暗証番号がわからなければ、犯人はあなたの契約している回線を使用することもできず、乗っ取ることもできません。

●SNSの2段階認証をしておく

ＳＮＳで登録している友だちから「ここであなたを見ました」「この動画にあなたが出演しています」と突然動画が送られてきました。

友だちからの連絡だからと安心してそのＵＲＬをクリックすると……。

友だちに次々と動画のスパムメッセージが拡散されてしまい、不正プログラムがインストールされてしまうという事件が多発しているようです。

これは、フェイスブックなどを乗っ取られたことによるものです。

このような乗っ取りを防ぐには、ログイン時の２段階認証設定をしておくことが重要です。２段階認証をしておくと、スマホ以外のところでログインされた際に、自分のスマホに認証番号が届き、不正なアクセスを防ぐのです。

フェイスブック、インスタグラム、ツイッターは２段階認証をしておくことが基本です。

フェイスブックの2段階認証のやり方

スマホ画面の右下にある3本線をタップする↓「設定とプライバシー」の「設定」をタップする↓「セキュリティとログイン」をタップする。↓「二段階認証を使用」をタップする。↓「SMSを使用」または「認証アプリを使用」をタップする。

また、2段階認証をしたから大丈夫、と安心しないでください。どんな状況でも悪い人間はいつでも狙っているということを忘れずに。

盗まれたアカウントは、インターネットサイトで売り買いすることができます。個人情報は何百万という高額で売れることもあるのです。だからこそ、2段階認証で安心をしないで、アカウントのパスワードは定期的に変えるようにしてください。

コラム

やっておくといいLINEの設定について

LINEは子どもたちが最も多く利用しているSNSです。プライバシーやセキュリティの設定をして、安心して使えるようにしましょう。

●パスワードを設定する

「ホーム」のページの右上にある歯車型のアイコンをタップ↓「設定」のページから「アカウント」をタップする↓「パスワード」をタップして、任意のパスワードを設定してください。パスワードは単純な文字列を使用せず。英数字を含めた10桁以上のパスワードの設定をしましょう。パスワードを定期的に変更することもお勧めします。

近年増えているＬＩＮＥアカウントの乗っ取り被害。ラインのＩＤとパスワードを知られてしまうと、不正ログインをされて乗っ取られる可能性があります。怪しいメールが届き、ログイン情報を誘導するメッセージが来ても情報を入力しないでください。

●ＱＲコードを更新する

ＱＲコードで「友だち」を追加している子どもは多いのではないでしょうか。ＱＲコードを一度ＬＩＮＥやメールで送ったことがある人は更新しておくと安心です。

ＱＲコードが誰かに見られたり、ＳＮＳにさらされたりして悪用されることを防ぐためです。ＱＲコードが一人歩きをすると、最悪の場合、その人のＩＤが全世界に飛び回る可能性もあります。

一度メールを送ったり、誰かにＬＩＮＥを教えたら更新するようにしましょう。

「ホーム」のページの右上にある歯車型のアイコンをタップ↓「設定」ページから「プライバシーの管理」をタップする↓「ＱＲコードの更新」をタップする。

●「友だち」が自動追加されないようにする

スマホのアドレス帳にある連絡先を自動で「友だち」に追加する機能は一見、便利ですが、つながりたくない人にまで友だち登録されてしまいます。友だちに追加されると、設定している名前やアイコンもわかってしまい、個人情報の流出につながる可能性があります。

「ホーム」のページの右上にある人型に＋のついたアイコンをタップ↓「友だち追加」ページにある「友だち自動追加」をタップする↓「友だち自動追加」をオフにする。

●電話番号で「友だち」追加されないようにする

あなたの電話番号をアドレス帳に登録しているＬＩＮＥユーザー（なおかつ「友だち自動追加」設定をオンにしている人）は、自動的にあなたを友だちに追加して電話番号からアカウント検索ができるようになります。そうすると、あなたの電話番号を知っている人に、Ｌ

ＩＮＥのアカウント情報を知られてしまう可能性があります。それを避けたい場合は、「友だち」への自動追加を許可しないように設定しましょう。

「ホーム」のページの右上にある歯車型のアイコンをタップ→「設定」ページから「友だち」をタップする→「友だち自動追加」「友だちへの追加を許可」をオフにする。

●ＬＩＮＥのメッセージを画面に出さないようにする

スマホにロックがかかっていても、ＬＩＮＥのメッセージが来たことがわかるように設定している人は多いと思います。これ自体はいいのですが、ＬＩＮＥの中身まで見られてしまうのは避けたい、という人は、中身が画面に出ないように設定しましょう。

「ホーム」のページの右上にある歯車型のアイコンをタップ→「設定」ページから「通知」をタップする→「新規メッセージ」（新規メッセージが来たことは画面に出してもいい場合はオンにします）をオンまたはオフにする→「メッセージ通知の内容表示」をオフにする。

問題5　オンラインゲームの注意点クイズ

どうして友だちにアカウント情報を教えてしまうの？

子どもがゲーム友だちにゲームアカウントとパスワードを教えていることがわかりました。これはゲームアカウントを乗っ取られる可能性がある危険な行為。
なぜ、子どもはそんなことをしたのでしょうか？

問題5の正解は、ゲームのうまい人にレベルを上げてもらうため、です。

子どもが学校の友だちとゲームのアカウントを教え合っていることはよくあることです。顔見知りの友だち同士ならまだわかるのですが、会ったこともないゲーム上での〝友だち〟にアカウントとパスワードを教えているとしたら要注意。

小学生くらいの子どもは、
「ゲームのレベルを上げてあげるよ」
「レアキャラをゲットしてあげるよ」
などと言われると、疑うことなくゲーム上で知り合った人にゲームのアカウントを教えてしまうことがあります。

子どもは罪の意識がなく、ＳＮＳ上で

チート代行に依頼してキャラを強くしたり、レアキャラのゲットを依頼したりしています。

チート代行とは、ゲームを有利に進めるために、ゲームの制作者の意図しない動きをさせる不正行為です。要は、ゲームの強い人に、アカウントを渡して、ゲームのレベルアップをしてもらったり、レアアイテムが入手できたりして、ゲームを有利に進めるようにしてもらうのです。

中高生にとっては、チートが違法行為とは思わず、単なる裏ワザ程度に認識していることが多いようです。

ツイッターなどで検索すると、有料でチート代行を引き受ける業者がたくさん見つかります。

アカウントを渡すこと自体は不正ではありませんが、それでアカウントを盗まれるなどのトラブルに発展することがあります。

またチート行為でゲーム運営会社に損害が発生すれば、損害賠償を請求される、違法行為として処罰される、アカウントが停止される可能性があります。ゲーム上の行為だからと軽く考えていると、取り返しのつかないことになるということを知っておきましょう。

●アカウント売買の恐ろしさ

犯罪者はツイッターなどでアカウント売買をしています。

そこにはゲームのアカウントも売買されています。しかも、そこでアカウントを売っている中高生がいるのです。５００円くらいで売れるので、ちょっとしたお小遣いになるのでしょう。

悪さをしているアカウントはツイッターを作成した日が直近であることが特徴です。スパム行為や偽装など規則違反を犯していることがわかると、そのアカウントはすぐに凍結されてしまいますから、バレたら凍結↓すぐ作り直す、を繰り返しているのです。

しかも犯罪者は頭がいいので、自分の足がつかないアカウントを使います。そのアカウントに、子どもが売買したものが使われている可能性があるのです。

実は、アカウント売買そのものは、規則違反にはなるものの、犯罪ではありません。アカウント売買専門のオークションサイトまであります。

サイトでは何百万件ものアカウントが出品されています。ツイッターやＧｍａｉｌなどのアカウントもありますが、特定のゲームのアカウントも出品されています。ゲームに強いアカウントがほしくて買う人がいるのです。レアキャラがあると、価格も高くなります。

例えば先ほどのチート代行のように、「ゲームのレベルを上げてあげるよ」「レアアイテムをゲットしてあげるよ」と言われて、自分のゲームアカウントとパスワードを教えてしまうと、その瞬間にパスワードを変更され、相手のものにされてしまい、ゲームアカウントを盗まれてしまうという案件が多く発生しています。

アカウント売買が怖いのは、手に入れたアカウントを犯罪者が使った場合、警察はまず、アカウントを売った人（子ども）のところに行くということです。

ゲームのアカウントでもチャットができるので、その子どもになりすまして犯罪をしたら、あなたのお子さんのところに捜査が及びます。

アカウントはネット上の住所と同じです。それを売ってしまったら、自分の住所がまったく知らないところで世界中を回ってしまうのと同じことなのです。

あなたの車が盗まれて、所有者はあなたのまま、知らないところで犯罪に使われているのと同じで、手放した後、どうなっているかわからないのです。全世界を回ってしまうという意味では、車を盗まれるよりもずっと怖いです。

また、乗っ取りによって手に入れたアカウントだと知らずに、売られているアカウントを買って、ログインをしてしまうと、「不正アクセス禁止法」に抵触する可能性もあります。

●アカウント売買で起こった事件

アカウント売買関連で実際に起こった事件を紹介しましょう。

●被害者が課金ゲームのアカウントを専門のオークションに出品。被害者は容疑者と7万5000円で売買することになった。ところが、容疑者はお金を払わず、アカウントを乗っ取り、詐欺で逮捕された。

●人気ゲームのなりすましアカウントをつくり、そのアカウントには、人気アカウントの実際の動画を載せて信じ込ませる。実際にはアカウントを持っていないのに出品。ツイッターなどのＤＭ（ダイレクトメッセージ）でやりとりし、架空の売買をする。

●カラオケ店で落ちていたスマホを発見。インストールされていたパズドラに不正アクセスして、ユーザー名を変更したところ、不正アクセス禁止法に抵触した。

アカウント売買そのものには、違法性はありません。

ゲーム運営会社では、ゲームアカウントの売買は規約違反しているところがほとんどです。もし売買している人がいれば、規約違反となりますが、詐欺などの被害に遭ったとしても、泣き寝入りしている人が多いのが実情です。

ただ、アカウント詐欺とわかれば、れっきとした詐欺罪が成立し、10年以下の懲役となります。

ゲームアカウントでも不正にログインした場合、不正アクセス禁止法にあたります。懲役３年以下、または１００万円以下の罰金となります。

また他人の携帯電話番号を使って無許可にゲームアカウントをつくる（他人になり

すましたアカウント作り）も同様です。

●オンラインゲームの注意点

大切なことは2つあります。

まず1つ目。子どもには、何があっても、

「アカウントとパスワードはほかの人に教えない」

ということを伝えてください。

ゲームの進行が難しくなったときに代わりにやってあげる、アイテムの交換や売買をしてあげる、などと言って、知らない人物からゲームのアカウント情報を聞いてきたとしても、絶対に教えてはいけません。誘惑するような言葉には絶対に騙されてはいけないと教えてあげてください。

私は、信用できる友だちであってもアカウントとパスワードは教えるべきではないと思っています。友だちを信じていないわけではありませんが、後々どうなるかわかりませんし、故意ではなくても、友だちから情報が流出しないとは言い切れないからです。

２つ目は、親御さん自身が「課金についてよく理解する」ことです。ゲームのインストールは無料でも、アイテムが有料だったり、ゲームを続けるために有料になったりするものが多いのです。

そのため、ゲームの課金内容をあらかじめ子どもによく伝えておきましょう。また大切なことなので何度も言いますが、親御さん自身のパスワードをお子さんに教えることはしないでください。課金をよく理解しないまま、高額な請求がきた、などということを防ぐためです。

先にもお話ししましたが、オンラインゲームをしたことがない親御さんは、毛嫌いせずにぜひ一度、親子で一緒にゲームをしてみてください。

親も一緒にやることで、その危険性だけでなく楽しさ（なぜ子どもがハマるのか）、一緒にゲームをやっているメンバーや友だちを知ることができます。

問題6　違法認識クイズ

わが子は何を見て笑っていますか？

こんな動画がアップされました。

犯罪でしょうか？　犯罪ではないでしょうか？

「覚せい剤いたずらドッキリ」というタイトルでグラニュー糖（白い粉末）入りのポリ袋を警察官の前でわざと落とし、逃走する動画。警察が追いかけてきて職務質問しています。

正解は、犯罪です。実際に福井県で起きた事件です。

覚醒剤に見せかけた白い粉の入ったビニール袋を交番前に落として逃げ、警察官に追いかけさせる動画をアップしたのです。

中身は覚醒剤ではない。白い粉なら犯罪ではないと思ったら大間違いです。警察の業務を妨害したという意味で、偽計業務妨害の罪で男は逮捕されました。

何が言いたいのかというと、あなたのお子さんがこんなふざけた動画を撮ったらどうするか、ということではありません。

問題は、こういった動画を見て「面白い」と思う子どもがいるということなのです。

例えば、ダチョウ倶楽部さんがテレビで披露している「おでん」ネタがありますね。熱々のおでんを顔につけたり、口に入れたりするというものです。鉄板ネタですが、わかっていても面白い。

でも、これをコンビニの店内でやっている動画を見せられたら、どう思いますか？「こいつら、バカか」と思うのが世間の普通の反応ですよね。普通の人がコンビニのおでんでやったら笑えない、というのが当たり前なのです。それを面白いと思ってやっている、あるいは「面白い」と思ってその動画を見ていたり、「いいね！」を押したりしているとしたら、世間の常識とかなりズレています。もちろん見ているだけでは被害者でも加害者でもありませんが、不適切動画に加担していることになります。

●「面白い」の感覚がズレていないか

第1章の「不適切動画」で紹介した、会計前に魚の切り身を店内で食べる動画もそうです。「お金を払うから犯罪にならない」。これを見て面白い、と思うでしょうか。

もしも家庭で、何かの動画を見て子どもが笑っていたら、ぜひ、何を見て笑っているかに注目してください。

もしいたずら動画や不適切動画を見て「面白い」と思っていたら、「面白い」の感覚がズレていますし、不適切動画予備軍の可能性もあるかもしれません。そのつもりはなくても〝うっかり加害者〟になってしまうかもしれないのです。

テレビ番組なら、厳しいチェック機能がありますし、親子で一緒に見て笑えるものも多いのですが、動画はそうはいきません。

お子さんには、「その動画で笑うのは、変だよ」と伝える必要があります。

実際、いたずら動画が後を絶たない理由は、それだけ見ている人が多いからでもあります。再生回数が多い、登録者数が多いことが評価されるために、社会一般の価値観とは違う「面白い」ができてしまっているのです。

前にもお話ししましたが、何気ないリツイートにも注意が必要です。

名誉毀損の発言をリツイートしたり、「いいね！」をしたり。友だちがリツイートしているからと、軽い気持ちでやってしまいがちです。

誹謗中傷も、低年齢から教育しないとなくならないでしょう。

不適切動画にしろ、誹謗中傷にしろ、リツイートにしろ、結局、最後に思いとどまるのは理性であり抑制力です。いじめも誹謗中傷も、根っこにあるのは人間の本質的な部分です。誰しも、いじめる側にまわる可能性はあります。

先日、脳科学者の先生とお話しする機会がありました。感情を抑えたり、理性を働かせるのは脳の「前頭葉」だそうです。前頭葉は思春期前後で急速に発達し、20歳くらいで止まってしまうそうです。つまり、20歳までに理性を磨かないといけないということになります。だから小学校、中学校、高校生への、広い意味での教育が大切なのだと思います。

問題7 言葉の選び方クイズ

SNSで誤解が生まれる理由は？

これは実際に私がLINEでやりとりしたケースです。
野球仲間とこんなLINEのやりとりをしたら、
後輩がシュンとしてしまいました。
どんなすれ違いが起きたのでしょうか？

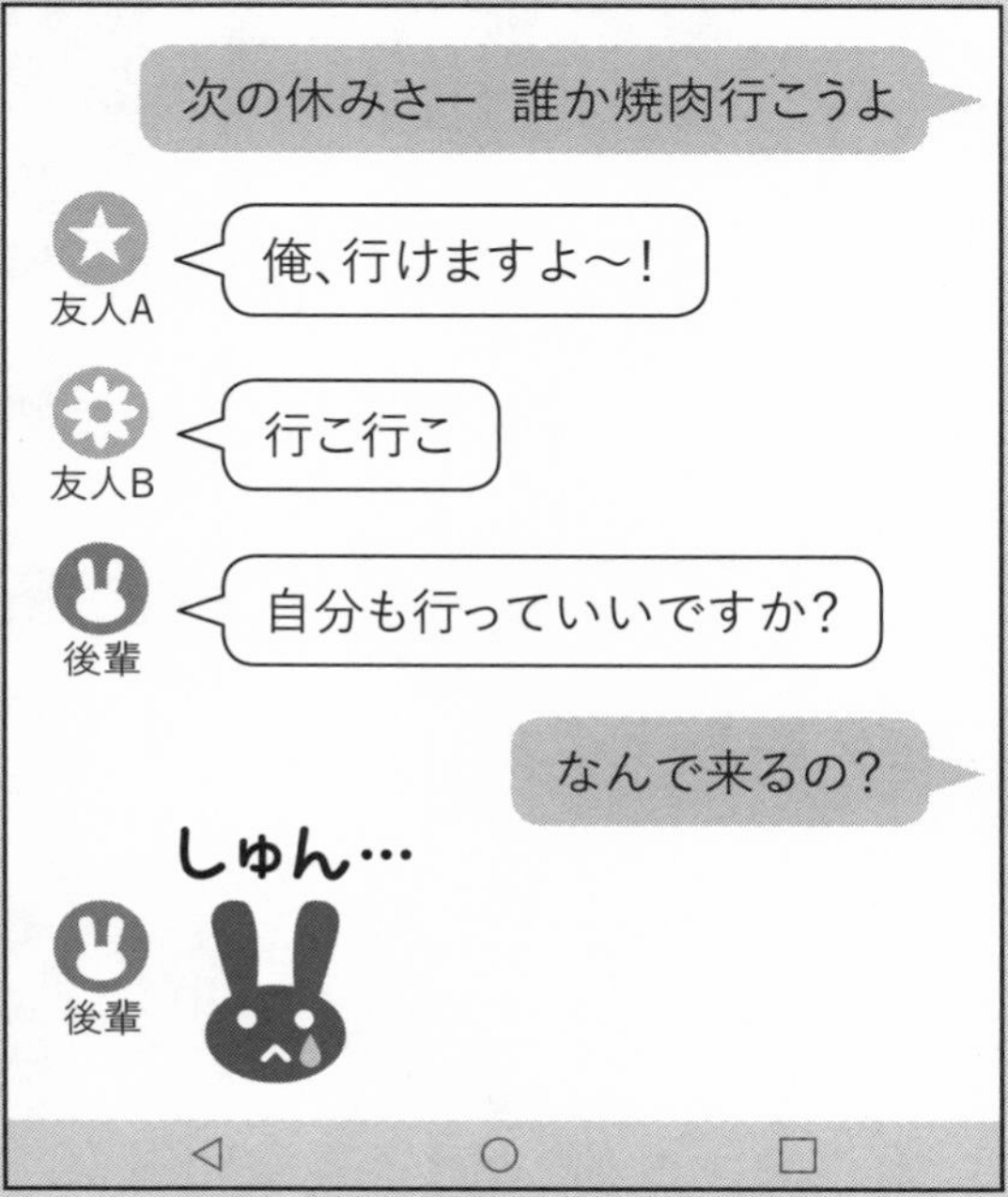

後輩は初参加だったため、ここでの「なんで来るの？」は、「どうやって来るのか」と、交通手段をたずねたつもりでした。

ところが後輩は、「なぜお前が来るのか、迷惑だから来なくていいよ」という意味に受け取ってしまい、落ち込んでしまったというわけです。

友人ＡとＢと私はもう長いつき合いの野球仲間です。一方、後輩はまだ野球チームに入って間もなかったため、私の性格や普段の様子、ＬＩＮＥでのやりとりをあまりよく知りませんでした。

私はＬＩＮＥで絵文字を使うのがあまり得意ではなく、返事もわりとあっさりしてしまうほう。親しい友人ならよくわかっているのですが、まだつき合いの浅い後輩にはそんなことはわかりません。

このように、ＳＮＳには、コミュニケーションのすれ違いがよくあります。親しい友人間でもよくあることですから、他人同士や会ったこともない人同士が交流するＳＮＳの中では、思った通りのコミュニケーションをとるのはもっと難しくなるでしょう。

●相手の考えはすべてわからない、自分の考えはすべて伝わらない

SNSでのメッセージのすれ違いは、日常茶飯事です。4人に1人が、SNS上でトラブルの経験があるといいます。

「なんで来るの?」以外にも、誤解をされがちな言葉はたくさんあります。

例えば「いいよ」。OKという意味もあれば、必要ない、要らないという意味でも使われます。

「おかしい」も、面白いという意味のほかに、変だ、間違っている、という意味もあります。

また「?」を付け忘れたことによる勘違いもあります。

「A子っていつも面白くない」

「A子っていつも面白くない?」

この違い、わかりますか? うっかり「?」を付け忘れたことで、A子ちゃんは落

ち込んでしまいました。

既読スルーをしただけで「怒っているのかな」「嫌われているのかな」と思ってしまう人もいます。ただ忙しくて返事ができなかっただけかもしれなくても、勝手に想像して不安になってしまうのです。

私のコミュニケーションの基本概念が3つあります。

1 相手の考えはすべてわからないとした上でコミュニケーションをとる。
2 自分の考えはすべて相手には伝わらないという思いで接する。
3 同じ景色を見ても、違う景色が見えていることを知る。

相手の考えのすべてを理解することはできません。目に見えているものだけで判断しないようにしています。

同じように、自分の考えも、すべて相手には伝わらないことを心得ておきましょう。自分の思いとは異なる思いが相手に伝わることも珍しくありません。一人一人、生育環境、性別、年代も違いますから、同じことを聞いても受け取り方も違うのです。

人によっては同じものを見ていても、視点やポイントが違います。軽い冗談でも受け取り方が違えば、相手を傷つけてしまうこともあります。

SNSでの誤解をゼロにすることはできません。むしろ怖いのは、こういった誤解をされた、誤解をしてしまった経験が「ゼロ」のまま大人になってしまうこと。

私自身も、先の後輩に誤解をされたと気づいてすぐ、直接電話をして誤解を解きました。

気づいたら修正する体験、友だちとの誤解を解く体験を中高時代に何度も体験してください。

SNSの誤解に対してさらにSNSで誤解を解こうとすると、さらなる誤解を生んだり、トラブルが大きくなることもあります。電話で話したり、直接会ったりしたほうが真意が伝わりやすいでしょう。

失敗を繰り返しながらコミュニケーションを学んでいきましょう。

問題8　犯罪隠語クイズ

危険な情報を見分けられますか？

次のツイッター投稿、
いったい何を売っているのでしょうか？

リツイートで野菜プレゼントします
#野菜手押し　#野菜郵送
#プレゼント企画

10名の方限定でプレゼント。
種子、リキッド。
条件はフォロー、リツイートでいいです！

ここまで読んでいただいた方は、もうわかりますね。正解は、大麻です。

中高生の間で今、違法薬物検挙が増加しています。とくにSNSでの薬物売買が横行しているのです。

SNSでは薬物売買とわからないように、隠語も横行しています。

例えば大麻を売ることを「押す」、買うことを「引く」といいます。覚醒剤は「アイス」、「リキッド」は大麻リキッドのことをいいます。

もし子どもが「手押し」「野菜」「リキッド」の意味も知らず、「なんだか楽しそうだな」と思って安易に反応してしまったら……。

こういった文章を見てフォロー、リツイートすると、相手は「こいつは大麻がほしいんだな」と理解し、再び同じように営業をかけてきたりします。

ちなみに、「手押し野菜プレゼント」とツイートしただけでは、違法ではありません。「本当に野菜を売っているんです」と言い逃れできるからです。だから、隠語を使っているのです。

違法薬物だけではありません。「高収入」「バイト」で検索をかけて、闇バイトに引っかかってしまうこともあるでしょう。

女の子の場合、高収入のバイトが性風俗店のバイトだったということもよくあります。

「一気に人生逆転しませんか？」

「六本木の現役女子高生の方、芸能活動してみませんか？」

こういった言葉がツイッターにはあふれています。

●怪しいアカウントの見分け方

こういったツイートをする人たちは「お金がほしくて便利に使えそうなカモ」を常に探していると言っても過言ではありません。

表面的な文章だけで安易にクリックするともう戻れなくなるかもしれません。だからこそ、情報を読み解く力が必要です。とはいえ、子どもだけでその情報の真偽を判断することは難しいもの。そんな情報に触れてしまう前に、大人が伝えておく必要があります。

怪しいアカウントの見分け方のポイントは、

●ツイートがいつも同じ内容。
●ツイッターのアカウントの作成日が直近（すぐに凍結されてしまうため）。
●ツイッターやインスタで「フォロー中」が多く、「フォロワー」が少ない（「フォロー中」は自分ですぐ増やせるため）。

女性が露出の多い写真で「フォロー申請」してくるケースもあります。つい承認してしまう男性が多いのですが、承認した途端に「私のお店に来ませんか」など勧誘が始まることもあります。その写真自体も、偽物である可能性が高いでしょう。


何か心配なことがあったら、子どもが一人で抱え込まず、大人に相談できる環境をつくっておくことが大切です。

中には親に言えないこともあるかもしれないので、相談リストを掲載しておきます。

何かが起きてからでは遅すぎます。「いつでも相談していいんだよ」ということを、お子さんに教えてあげてください。

相談リスト一覧

悪質商法などによる相談　消費者庁　電話：188

悪質商法等による被害、不適切な表示に関するトラブル、製品やサービスなどによる危険や危害などについて相談したいときは「消費者ホットライン＝局番なしの『188』」をご利用ください。

性犯罪被害相談電話（全国共通電話番号）　警察庁　電話：#8103（ハートさん）

※24時間対応（年中無休）（注記）都県境では、他県につながることがあります。

犯罪により心に深い傷を負った被害者やご家族のために犯罪被害者ホットライン及びハートさんがあります。犯罪被害に遭うことは大変つらく苦しいことです。そんなとき、ひとりで悩みを抱え込まないで、どうぞご相談ください。

警察に対する相談　警察相談専用電話　電話：#9110

犯罪や事故の発生には至ってないけれど、ストーカーやDV・悪質商法など警察に相談したいことがあるときには、警察相談専用電話#9110をご利用ください。全国どこからでも、電話をかけた地域を管轄する警察本部などの相談窓口につながります。

※インターネット安全安心相談ページ、子どもの性被害、サイバー犯罪関係などの相談窓口も同様。

24時間子供SOSダイヤル　0120-0-78310（なやみ言おう）

子どもたちが全国どこからでも、夜間・休日を含めて、いつでもいじめやその他のSOSをより簡単に相談することができるよう、全都道府県及び指定都市教育委員会で実施。上記のダイヤルに電話すれば、原則として電話をかけた所在地の教育委員会の相談機関に接続。

相談リスト一覧

児童相談所虐待対応ダイヤル　189(いちはやく)

児童虐待かもと思ったら、お住まいの市町村、児童相談所までご相談ください。189にかけると、お住まいの地域の児童相談所につながります。

各都道府県警察の少年相談窓口

例)東京　03-3580-4970　埼玉 048-861-1152
神奈川 0120-45-7867　千葉 0120-783-497

(https://www.npa.go.jp/bureau/safetylife/syonen/soudan.html)

都道府県警察では、お子さんのことで悩みを抱えているご家族やいじめ、犯罪等の被害に遭い、悩んでいる子ども自身のために、少年相談窓口を開設しています。

各都道府県警察の暴力ホットライン

例)東京(警視庁)　電話:03-3580-2222　受付時間:24時間受付

暴力団から脅されている、因縁を付けられ金品を要求されている、取引に暴力団が絡んでいる、暴力団をやめたい、暴力団に入るよう勧められている、貸した部屋がいつの間にか暴力団事務所になっているなど、暴力団に関することで困っている方は暴力ホットラインへご相談ください。

遺失物相談窓口

最寄りの警察署または交番へ、落とした物を届ける。届け出はどこでもOK。一部都道府県警において落とし物検索がインターネットで利用できます。

例)警視庁
https://www.keishicho.metro.tokyo.jp/sodan/otoshimono/

第3章

スマホが奪う直観力！子どもを守る「4つの力」の育て方

子どもを守るのは、子ども自身が情報を客観的に観察・判断し、コミュニケーションを通じて問題解決する力。

これは将来、「答えのない社会」を生き抜く力にも通じます。

これからの子どもに必要な力とは、具体的にどんなものなのでしょうか。

●犯罪を選択肢に入れる子どもたち

中高生向けの講演で、こんな質問をすることがあります。

「近くにコンビニがあります。あなたはとてもお腹がすいています。でもお金は持っていません。何をやってもかまいません。どうやって問題を解決しますか?」

こう聞くと、たいてい3~4割の子が「万引き」と答えます。

「コンビニで1時間働かせてもらい、そのお金で買う」

「家に電話をして、親にお金を持ってきてもらう」

「とりあえず家に帰る」

「『後でお金を払うので、おにぎりください』とお願いする」

「近くの友だちの家に行って食べさせてもらう」

「食べない」

などなど。考えればいくらでも方法があるのに、選択肢に〝犯罪〟である万引きを思い浮かべてしまう子が一定数いるのです。

「佐々木さん、ずるい。何をやってもかまいませんって言ったじゃないですか！」という子どももいます。

私は「犯罪をしてもいい」とは一言も言っていません。何をやってもかまわない＝万引きしてもいい、という結論になってしまうことに、驚きます。

聞くと、店長に頼んだり、ツケにしてもらったりするのは〝恥ずかしい〟と言います。「え？　万引きは恥ずかしくないの？　犯罪だよ」と言いたくなってしまいます。

「問題を解決しますか？」は「どうやって我慢しますか？」とも捉えられるはずです。

どうしても経験が少ない中高生は欲求を満たすにはどうすればいいのかと考え、問題を解決するためには、たくさんの選択肢があるはずなのに、深く考えずに〝犯罪〟を選択肢に入れてしまう。何か問題が起きたとき、選択肢が多いほうが、問題が解決する可能性は高くなります。

そのためにはさまざまな経験をし、知識を持ち、適切に判断する力が必要なのです。

●これから子どもに必要な力とは

私が今の子どもに必要だと思っている４つの力があります。

1 直観力（発見力）
2 コミュニケーション力
3 想像力
4 受容力

何かの問題や状況に直面したとき、論理的にその状況を判断し、適切に判断する直観力（発見力）。これには知識と経験が必要です。

スマホネイティブ世代の子どもたちには直観力が圧倒的に足りていません。**子どもたちが犯罪に巻き込まれてしまうのは、過去の経験から読み解く直観力が足りないことが大きな原因です。**

単なる感覚で物事を受け取る「直感」と違い、「直観」は自分自身の経験に基づく発見力や想像力でもあります。子どもは経験が少ない分、情報をそのまま受け取ってしまいます。良くも悪くも素直なのです。

例えば、「書類を受け取るだけで2万円！」という求人を見て、「怪しい！」と思える子どもは、直観力が正常に働いています。

それに対して「ラッキー！」と考えてすぐに申し込んでしまうのは、知識や経験の蓄積が足りず、危険を読み解く直観力が欠如しているのです。不適切動画を見て「面白い！」と思ってしまう子どもも同様です。

コミュニケーション力は、他者と交流しながら自分以外のいろいろな価値観に触れることで身についていきます。コミュニケーションはうまいにこしたことはありませんが、あえて上手になる必要はありません。

テクニックではなく、自分の言いたいことが相手にうまく伝わらない経験や、人を傷つけたり傷つけられたりする経験を重ねながら、自分なりのコミュニケーションを身につけていけばいいのだと思います。

想像力は、直観力にもつながりますが、**自分が行動をしたら、その後どうなるのかリスクを判断する直観力を鍛えて行動の抑制をコントロールすることが必要なのです。**

先のコンビニの例で言えば、「もし万引きをしたら、その後どうなるのか」と考える。その力があれば、安易に「万引きする」とは答えないはずです。

２０１４年に埼玉県川口市で起きた17歳の少年による祖父母殺害事件も、想像力の欠如から生まれた事件でした。

●『MOTHER マザー』の教え

先の事件から着想を得てつくられ、２０２０年の夏に公開された映画が、長澤まさみさん主演の『ＭＯＴＨＥＲ マザー』です。

私はこの事件を捜査段階から担当しており、母親の取調官をしていましたが、今でも、この事件は未然に防げたと思っています。

住む場所を転々とし、学校にも通っていない劣悪な環境で育てられた少年が、母親からの「殺してでも借りてこい」という言葉を受けて祖父母の家にお金の無心に行き、祖父母を殺害してしまった事件です。

逮捕後、母親は息子に犯行を指示したことを否定、「すべて息子がやった」と話しました。結局、母親は強盗罪で懲役4年6カ月、少年には強盗殺人などで懲役15年の判決が一、二審で下されました。

私個人の気持ちとしては、この犯罪は母親の指示がなければ起こらなかったことから、母親を少年と同じ罪で起訴できなかったことに悔やまれる思いでいっぱいです。「殺してでも借りてこい」という言葉を真に受けて本当に殺してしまう。おそらくこの少年には、これまでのあまりにも劣悪な成育環境から直観力、コミュニケーション力はもちろん「本当に殺したらどうなるか」といった想像力も欠如していたのでしょう。

最近も炎天下の中、母親が自宅あるいは車内に幼児を放置し死なせてしまい逮捕される事件が後を絶ちません。

でもそういう母親たちに話を聞くと、必ずといっていいほど「死ぬとは思わなかった」と言います。普通の人から見たら考えられないことでも、彼女たちは悪いことだとは思っていない。それどころか、「私はきちんと育児をしている」と思っていることさえあり、間違った認識に気づかず日常を送っているのです。

彼女たちはパンや水などを置いて出かけているため、おそらく今までに何回かそれで成功していたのでしょう。間違った成功体験をしていたのです。子どもを放置したらどうなるか、ここでも完全に想像力が欠如しているのです。

受容力は、相手の立場になって相手を受け入れる力です。

昨今の「誹謗中傷」によるトラブルは、想像力不足もさることながら、受容力の不足が起こしたと言っても過言ではありません。

自分と違う考えの人や、自分にとって〝間違った〟行動や言動をする人を受け入れず、排除して徹底的に叩《たた》いてしまう。

子どもは経験の乏しさから、どうしても見えているものだけで判断してしまいがちです。でも、真実には奥行きがあって、それに気づくか気づかないかで大きな差ができてしまいます。

私自身も子どもが中学生のとき、口答えをしてきた長男に対して感情的になり、頭を叩いてしまったことがあります。

そのとき息子に「いつも児童虐待反対とか言ってるくせに、やってることが違うじゃないかよ！」と言われてしまいました。正直、私は言い返す言葉もなく、逆に怒るのもカッコ悪くて、黙って部屋を出てしまいました。

でも、息子が自分の意思を大人にちゃんと伝えられたことはよかったなと思っています。川口市の事件でも、少年が母親に自分の意思を伝えることができる関係性ができていたら、最悪な事態は防げたのではないでしょうか。

多くの犯罪は「教育」で防げる

どの事件にも「たられば」があります。

ここで誰かが気づいてい「たら」、少年の味方になってくれる大人が一人でもい「れば」、ここでこの子が誘惑に乗らなかっ「たら」、母親が子どもの危険性を認識してい「たら」……。

私が警察を辞めた大きな理由はここにあります。実際の殺人事件などに触れる中で、「ここでコミュニケーションのすれ違いがなければ」「ここで感情的になっていなかったら」多くの事件は防ぐことができました。でもそれは教育をすればいくらでも減らすことができるのではないかと思ったのです。

事件が起きてからでは遅すぎます。学校の勉強も大切ですが、子どもたちにこそ、早いうちから4つの力を身につけられる教育が必要なのです。

1 疑うところから始める

インターネットで流れているあらゆる情報は、情報をそのまま鵜呑《うの》みをせずに、疑いの目を持ってみることが大事です。これは私が元刑事だから、という理由だけで言っているのではありません。

SNSの中の情報のうち4割は嘘だとも言われています。その情報源はどこなのか、もっと言えば裏づけはあるのか、常に確認する習慣をつけましょう。

正しい情報かどうかもわからないのに、気軽に「いいね！」をしたり、拡散をしない。ここでリツイートをしたらどうなるのか、一瞬とどまって考えることが、安易な誹謗中傷にのらないことにもつながります。

誹謗中傷にリツイートしたり、「いいね！」をしたら、誹謗中傷したことと同じです。これで損害賠償を求められたケースもあることは、お話しした通りです。

ツイッターの140文字の中で真実を伝えるのは難しいものです。逆に140文字の中ですべてを理解するのも難しい。ぜひ子どもには、表面的なものだけで判断しないクセをつけてほしいのです。

ネットの中は同調圧力だらけです。

周りがみんなしているから正しい、みんなが「面白い」と言っているから「面白い」と言ってしまう。でも、それは本当に正しいのか、本当に面白いと思っているのか。もしかして違うのではないか、と思ってほしいのです。

最近、迷惑ユーチューバーが事件で逮捕される事案が相次いでいますが、私は**迷惑ユーチューバーが配信する動画に「いいね！」を押す若者が多いことも、ユーチューバーの迷惑行為がどんどん過激になっている1つの要因だ**とも思っています。

子どもには難しいことかもしれませんが、情報を見たときにまず鵜呑みにしないこと、この習慣づけをさせてあげる必要があります。

大人でさえ、SNSのフェイクニュースやデマの情報に惑わされます。

熊本地震の直後にツイッターに投稿されたデマです。

「おいふざけんな、地震のせいで
うちの近くの動物園からライオン放たれたんだが　熊本」

こうツイートして市街地を歩くライオンの写真を投稿した男が、偽計業務妨害の疑いで逮捕されました。

同じの画像を見ても、一人一人見るところが違います。私がこれを見たら、一目で嘘の画像だとわかります。ライオンと柱の影の伸び方が違いますし、そもそも、こんな状況ならもっと大騒ぎになるはずですし、ほかに目撃情報がないのがおかしいですよね。

実際、フェイク画像だとわかった人も多かったのですが、一方で過剰な使命感や正義感にかられて「大変だ！」とリツイートしてしまった人もたくさんいたのです。

繰り返しますが、まず疑問を持って見る癖をつけること。

ある風景を見たら、「きれいな風景だな」と思うほかに、「ここはどこの風景だろう」と**自分なりに問題提起をしてみる習慣をつけてみましょう**。家庭では、フェイク画像を見ながら、親子で「どこが間違っているか」探してみるのもいい練習になるでしょう。

2 先入観を持たない

私が刑事時代に何度も思い知らされたのが、「先入観を持たずに事件現場を見る」ということでした。

次の文章を見て、どんな人を想像しますか？

「年齢は53歳です。学歴は高校中退です。
同年代の友だちは、社長や会社役員をやっています。
まだ僕は現場で、10代や20代の仲間と一緒に汗を流しています。
技術をもっと高めたいと思っています。」

どうでしょうか？　直観で考えてみると、少しリストラをされてしまったかわいそうな中年の男性を思い浮かべませんでしたか？　これは、ネガティブなワードに引っ張られ自分の思い込みで人物像を先入観で描いてしまったのではないでしょうか。

正解は、私が尊敬するサッカー選手、「三浦知良」さんです。

では次の2つの質問はどうでしょうか。


「ケイジくんとケンジくんがいます。

顔は瓜《うり》ふたつ。同じ家に住んでいて、生年月日も一緒、お母さんも一緒です。

2人に『双子なの？』と聞くと、2人とも『双子じゃないよ』と答えました。

こんな状況はあり得るでしょうか？」


「あるプロレスラーが優勝インタビューを受けたところ、『この優勝は弟に捧げます』と言いました。

後日、インタビュアーが弟にインタビューに行ったところ、『僕のお兄ちゃん、プロレスなんかやっていないよ』と答えました。

こんな状況はあり得るでしょうか？」

わかりましたか？　双子の質問の答えは、実は双子ではなくて、三つ子だったから。プロレスラーの質問の答えは、プロレスラーは女性、つまり、お姉ちゃんだったから、です。

どちらもバイアスの罠《わな》です。双子のほうは、「実はお父さんが違う異父兄弟だった」など、複雑な答えをしてしまう人が多いです。そしてプロレスラーのほうは、プロレスラーといえば男性、という性別の思い込みです。

こんなことを言っている私も、先入観によって騙されたことがあります。

ネットで某スポーツブランドのジャージの上下セットがセールで売られていたため、「安い！」と喜んで購入しました。商品が届いてびっくりです。

Lサイズを注文したのはいいのですが、なんと届いたのはキッズのLサイズだったのです。「Lサイズだから大人のもの」という思い込みをしてしまったのです。恥ずかしくて文句も言えず、結局、人にあげてしまいました。

先入観で物事を見てしまうと、さらにその先も先入観で補強してしまうので、まったく違う事実を正しいと思ってしまうこともあります。だからこそ、先入観がいかに怪しいかを知る経験がとても大事です。

「こうあるべき」「これが当たり前」と思ってしまうと、自分とは違う価値観の人を受け入れることができなくなってしまいます。

同じものを見ても、まったく違うものを見ていることがあるということ、いろいろな人と接することで、「自分が正しい、当然と考えていることが正しいとは限らない」という経験を積み重ねる必要があります。

3 コミュニケーションのすれ違いは悪いことではない

前にもお話ししましたが、コミュニケーションは「自分の考えはすべて相手に伝わらない」そして「相手の考えもすべて理解することができない」のが基本。

だからこそ、**コミュニケーションのすれ違いがあり、たくさん失敗を重ねながら、その失敗に気づいて修正する、誤解を解いていく経験が必要です。**

フェイス・トゥ・フェイスでもすれ違いがあるのですから、ＳＮＳではもっとあるでしょう。そのすれ違いに気づくかどうかが大切です。

今の子どもたちは、フェイス・トゥ・フェイスの経験が少ないので、うまくいかなかったときの対処法をあまり知らないのではないでしょうか。自分の狭い領域の中でしか生活をしていないために、それを超えたときにどうしていいかわからなくなってしまうのでしょう。

コミュニケーションの失敗は、コミュニケーションで補うしかありません。何度でも、トライ＆エラーをしていくのです。


私が警察官になった原点も、子どもの頃の、「自分の考えはすべて相手に伝わらない」体験があったように思います。

小学校４年生のとき、家族で高校野球の県大会の決勝戦を観に行ったときのこと。試合が終わり帰ろうとすると、近くの誰もいない席に、バッグが置かれていることに気がつきました。

父はそのときちょうど席を離れていて、私は「誰のバッグだろう？　届けるなら名前がわかったほうがいいだろう」「何か手がかりになるものはないかな？」と思い、確かめるためにそのバッグのファスナーを開けかけていました。

するとそこにバッグの持ち主である男性が戻ってきました。バッグを開けようとしている私を見て、「何をやってるんだ！」と怒鳴り、私はなぜ怒られているのかわけもわからずにいたところに父が帰ってきました。

父はその男性に平謝り。そのとき初めて、自分が盗みを働こうとしていると疑われたことに気づいたのです。

私はめったに泣かない子どもでしたが、そのとき初めて、人前で泣きました。盗もうという気持ちなんてまったくなかった、それなのに自分の言い分は何一つ聞いてもらえず、ただ泥棒だと思われてしまった。

悔しい気持ちと悲しい気持ちで胸が張り裂けそうでした。5歳年上の兄に訴えると、兄は私の気持ちをわかってくれました。

このときの体験から、今思うと私は2つのことを学んだのです。

「本人から話を聞かないと本当のことはわからない」

「大人でも勘違いすることがある」

刑事になってからも、どんな悪人でも、きちんと話を聞かないと真実はわからないという思いがありました。

犯罪をやったかやらないかよりも、なぜしてしまったのか、その経緯を知ることが大切だと思ったのです。私があのとき、バッグを開けようとしてしまったように……。

「自分はこう考えるから、相手もきっとそうだろう」ではなく、相手の主観で物事を考える力を持つことが大切です。

これから大人になっていく過程で、子どもたちは今以上に「理解できない」と感じる相手に出会うことでしょう。育ってきた環境も年齢も性別も価値観も違う相手を理解するには、自分の主観は一度捨てて、相手の主観で物事を考える必要があります。

また、俯瞰《ふかん》でものを見る力も重要です。

ＳＮＳではとくに、文字や画像以外に情報がありません。相手の表情やしぐさ、声の調子などもわかりません。人間はどうしても自分に都合がいいように解釈しがちですが、ここで勝手に解釈せずに、客観的かつ俯瞰で見て、その言葉の背後にある奥行きを想像することが大切です。

とはいえ、子どものうちは難しいですよね。繰り返しになりますが、何度も何度も失敗しながら、それに気づき、間違いを修正していく経験を積み重ねていくことが必要です。そのためにも、ルールを守らせたうえで、子どもにＳＮＳに触れさせる。親はそれを見守る。それしかないのではないでしょうか。

4 答えは1つではないことを教える

突然ですが、また問題です。

□＋□＋□＝3

ここに当てはまる数字を入れてください。全部で何通りあるでしょうか。

算数の問題のようですが、実は、若手の刑事を対象にした講義でもやっていた問題です。

1＋1＋1　1＋0＋2　0＋0＋3……など、たいていは「7通り」と答える人が多いのですが、実は、答えは「無限」です。

分数も、小数もマイナスもあり得るので、いくらでも考えられます。もっと言うと、□には1文字しか入れてはいけないとは言っていないので、（3－1）などとしてもいいのです。

なぜこれを刑事の授業でやるかというと、ある事象を問題解決するやり方は無限にある、ということを知るためです。

例えばこれを□＋□＋□＝**犯人**という数式があるとします。ここに当てはめるのであれば、指紋、DNA、カメラの3つの証拠を当てはめれば犯人として特定できるでしょう。しかし、私の長い捜査経験の中で、3つの証拠がきれいに揃《そろ》った事件はほとんどありません。

カメラは取れたけど、指紋とDNAは取れなかった。こういった捜査ばかりです。ではここで、刑事は事件解決を諦めるのかというと、もちろん違います。これらを取れなかったら、これらに代わる証拠を何個でも見つけてどんどん当てはめていくのです。

例えば答えが7通りしかないと決めつけてしまうと、6回試してみたら「あと1回しかない」と思ってしまいます。そんな人と「答えは無限にある」と思っている人とでは余裕が違いますよね。

私は「アプローチ」という言葉が好きです。物事にはいろいろなアプローチがあり、そこにどう行き着けばいいのか、アプローチの方法を考えるのが楽しいのです。このとき、想像力がないと、答えを導くことはできません。

1＋1＋1＝3のように、1通りしか答えを持っていないと、「やってこい」＝「殺してこい」のように、1つの選択肢で判断し、行動を起こしてしまうことになります。

別の事件ですが、2018年にも埼玉県朝霞市で15歳の少年が祖父母を殺害した事件がありました。彼は学校でいじめを受けていて、その生徒を殺すつもりでした。それがなぜ祖父母の殺害につながったのか。

彼は「(自分がいじめた子を殺して殺人を犯すと) 残された家族がつらい思いをすると思って (祖父母を) やりました」と供述しています。つまり、孫が殺害犯になってしまうと残された家族がつらい思いをするから、祖父母を殺したというのです。普通なら考えられない発想です。

そのときの裁判では、以下のように述べられています。**「性格の中で想像力の拙《つたな》さや他人の感情を理解する乏しさ、視野の狭さや思い込みの強さがあり、この特性は将**

来の極端な逸脱行為につながり得る」と。

デジタルネイティブ世代の子どもたちは、人の感情を理解すること、広い視野を持つことが苦手な子が多いのではないかと思います。事実、彼の問題解決するアプローチは1つしか持っていませんでした。

彼は極端だったのかもしれませんが、私たち大人は、子どもに答えは1つではないこと、たくさんの答えがあることを、教えてあげる必要があるのです。

●本質的には自発的に動く力

日常生活で子どもが疑問や不満を持つことはたくさんあると思いますが、そこで大人の価値観を押しつけてしまうと、「もう逆らっても無駄だ」とあきらめてしまいます。

私の息子が所属していた少年野球のチームでは「監督の言うことは絶対」という空気がありました。そこでは「初球は振るな」というルールがありました。

当然、子どもは初球を振りません。もしも振ってしまうと、監督が怒ります。ところがある試合で、初球を振ってヒットを打ったところ、監督がほめていたのです。私は「監督、怒ったほうがいいんじゃないですか」と言ってみました。すると、「でもヒットを打ったんだから、いいじゃないか」と監督は言います。

「だったら、〝初球を振るな〟というのは、やめませんか？」「佐々木さんは野球をわかってないね、初球は球筋を見るんだよ」と監督。

今度は子どもたちに、「なんで初球を振らないの？」と聞くと「監督がそう言うから」。そう、子どもたちは球筋なんて見ていないのです。子どもは言われた通りにする方が楽ですから、初球でストライクでも、ボーッと見ていればいい。でも結果、三振すると監督は怒ります。スポーツはもっと自由なものなのに。

こんなふうに、子どもをルールでがんじがらめにすると、子どもの発想力と思考力を奪ってしまうことになります。

インターネットも同じで、1つの答えを検索で求めて、トップに出てきた言葉で終わりにしないでほしいのです。

私が子どものころ、野球がうまくなったのは、監督のもとで練習をしていたときではなく、神社の境内で子どもだけで練習しているときでした。大人がいないとき、子ども同士で遊んでいたときです。

そこでは何をやっても怒られない、空振りしても怒られない。落合選手の真似をしても怒られない。あるのは「絶対打ってやる」という気持ちだけでした。

子どもは、自発的に動いたときに伸びるものなのです。

若い世代に大人気のロックバンドＲＡＤＷＩＮＰＳ（ラッドウィンプス）の『正解』という曲があります。私のバイブル曲です。大切な人と仲直りする方法や好きな人を振り向かせる方法など、「答えがない問い」について考えさせられる素晴らしい歌詞です。お子さんと一緒にぜひ聴いてみてください。

5　「教えない習慣」が自分で考えて動ける子を育てる

前項でいろいろな答えがあることを伝えましたが、**大人が答えを出さないこと、答えを教えないことも大切です。**

子どもたちに自分で考える習慣をつけさせてあげたいですね。過去の経験値は、どうしても大人のほうが多いために、教えてあげたくなってしまいますが、それでは子どもは育ちません。大人がどれだけ我慢できるかです。

何か間違った行動を起こしそうになったとき、子どもたちには思いとどまってほしいのです。知らない人と会うとき、投稿するとき……。今行動したら、どうなっちゃうのかな、と想像してほしい。

本書でも投稿1つで内定が取り消された例を紹介しましたが、ほんのすこしの判断で人生が変わってしまうこともあります。

一瞬でいいから、自分の「正しい」は「正しくないかもしれない」と疑ってほしい。大人でもあることですから、子どもならなおさらです。これが罪になるのか、ならないのか。その判断は未熟な子どもにはすぐにできないかもしれません。

犯罪を見抜く目を育てることも大切です。でもそれより、何か物事が起きたときにそのまま受け取るのではなく、「これはなぜなんだろう」「これって違うんじゃないかな」と自分で考える力を育てること。これが究極の防犯法ではないでしょうか。

そしてもしもミスしてしまっても、ミスした後にどう立ち直るかが大事です。またスポーツの例えですが、野球でも、エラーをした後にどうするかを子どもに教えます。スポーツも人生もミスありきです。

プロだってエラーはするし、ミスをした後の行動が、一流かそうでないか、いい選手かどうかの基準だと思います。そこでただ落ち込むのか、次はミスをしないようにどうフォローするのか。

少年野球でも、いいチームはエラーをしたら、次はどうするかを子ども自身が考えます。悪いチームは、エラーをしたら監督の顔を見ます。怒鳴られてしまうからです。それではいいプレーはできません。

イレギュラーのときにどう動くか。子どものときからこういう経験をたくさんさせてあげたいですね。

6　毎日、新しい「発見」をする

私は普段から、周囲の状況や人の動きなどを観察する習慣があります。

そうすると、いろいろな「発見」があることに気がつきます。

もちろん刑事時代からの習慣でもあるのですが、子どもにも日常生活の中でこうした習慣をつけておくと、いざというときに危険から身を守ることができるようになります。

例えば、通学路には何があるでしょうか。

あるとき、通学路にあった建物がなくなり空き地になっていた、などということがありますね。でも「あれ？　前は何があったっけ？」と思うことはありませんか。毎日通っている道なのに、見ているようで見てないのです。NHKの番組ではありませんが、意外と私たちは「ボーッと生きている」のです。

私は子どものころ、「家から学校までの赤信号が少ない日はラッキーデー」と自分の中で決め、通学路で赤信号で止まる数を数えていました。

また、高校時代にアルバイトをした飲食店では、店長に**「ワンアクション・スリーゴール」**を教えられました。「1つの行動で3つの仕事をしてこい」ということです。どういうことかというと、お客さんのところに注文を取りに行ったら、戻るまでに空いた食器を下げたり、コップに水を注いだりするということです。そうルールを決めると、自然に仕事を探す〝目〟がつくられていきます。

ただ、身の回りを注意深く見る、周りをよく観察する、と言われてもできないことが多いですが、こんなルールを自分なりに作って、周囲に興味を持って注意深く観察する習慣を作ると、たくさんの「発見」があります。これが、人への気遣いや仕事の効率化にもつながっていきます。

●雑用を能動的にできるか

刑事時代、私は雑用をいかに能動的にするかを大事にしてきました。

どんな職場でも、雑用の多くは新人の仕事です。「なんで僕が（私が）やらなくちゃいけないんだ」と思う人もいるでしょう。

でもゴミを捨てる、コピーを取る、お茶をくむ、お弁当を頼むといった雑用の中にこそ、自分の能力を上げるのに必要な力が身につくチャンスがあります。雑用の中に、少しでもみんなが仕事をやりやすくするにはどうしたらいいのか、仕事の効率をアップするにはどうしたらいいか。ここでも観察力や発見力が発揮されるのです。

捜査本部では常に１００点という結果を出さなければなりません。中途半端な点数では許されません。ドラマのように犯人を逮捕して終わりではないのです。捜査本部の仕事を円滑に進めるためには、身の回りの環境整備がきちんとされていないとなりません。大切な資料をなくしたら大変なことになります。だからゴミ捨ても、シュレッダーにかける仕事もとても重要です。

仕事をスムーズに進めるという意味では弁当の注文も重要です。100人が動いていたら、100個のお弁当がないと、仕事がストップしてしまいます。

「10部コピーを取ってきて」と部下に頼むと、ただ10部コピーを取ってくるだけの人間もいます。できる部下でせいぜい1部ずつホチキスで留める程度です。ひどいとソート機能を使わず、そのまま渡す人もいます。

私なら、コピーを頼まれたら「何のために」とまず考えます。「何に使うんですか?」と尋ね、重要な会議の資料などではないとしたら、会社の経費を考えて「両面コピーにしていいですか?」「(カラーで印刷されていますが)モノクロでもいいですか?」と聞いたり、いつもファイリングしている先輩から頼まれたら、「穴を開けていいですか?」と聞いたりします。

また10部を誰に渡すのか事前に聞いて、配るところも聞いておき、コピーを頼んだ人に2部だけ渡して「8部はもう渡してあります」と言います。そこまでやるのです。

そう考えると、「コピーを取ってきて」の一言の中に、やるべきことがたくさんあることに気がつきます。相手の思惑、やってほしいこと、それを汲み取れるか、全体を把握して自分で行動できるかということです。

子どもたちにもぜひ、「雑用って大事だよ」と伝えてあげてください。ゴミ捨てや食器洗いなどの家の手伝いをどんどんやらせてください。最初はやり方をちゃんと教えてあげて、それから習慣化させるようにしましょう。

失敗してももちろんＯＫ。どうしたら効率よく、気持ちよくできるかを能動的に考えながらやると、家事が「面倒くさいもの」ではなく、楽しいものになりますよ。

●「発見ノート」をつけてみる

私がよく学校の講演で子どもたちに伝えているのは、「発見ノート」をつけることです。

毎日1つずつでもいいので、新しいことを発見して記録していきます。ある学校で講演をした後に、「発見ノート」をつけ始めたという生徒から手紙をもらいました。

「今日、学校の校庭の土が、泥だんごをつくりやすいことを知りました。明日は何を学べるのか楽しみで仕方ありません」

「佐々木さんのおっしゃっていた、毎日新しい発見をするということに挑戦していきたいです」

私はこういった感想の手紙がとても嬉しく、全部残しています。

どんな小さなことでもいいので、新しい発見を常に意識していると、ものごとを見る目が変わってきます。いつもと違う視点から見たり、俯瞰《ふかん》で見られるようになったりします。自分の身の回りにある当たり前のことが、何だか素晴らしく、新鮮に見えてきて、今まで気がつかなかったことであふれていることがわかるのです。

＼子どもの直観力を鍛える／

付録 書き込み式 発見ノート

今まで気づかなかった新しいものを発見しよう

月　　日

1年目

202　年	友だちのこと	
	日常のこと	

2年目

202　年	友だちのこと	
	日常のこと	

3年目

202　年	友だちのこと	
	日常のこと	

記入例

友だちのこと……佐々木君は野球が好き

日常のこと………帰り道にあるコンビニが〇月△日にオープンする

※お好みのサイズに拡大コピーして使ってください。

著者紹介

佐々木成三　1976年、岩手県生まれ。元埼玉県警察本部刑事部捜査第一課の警部補。デジタル捜査班の班長として主にスマートフォンの解析を専門とし、サイバー犯罪の捜査にも関わる。また、数多くの重要事件捜査本部において、被疑者の逮捕、取り調べ、捜査関係者からの情報収集、被害者対策、遺族担当に従事し、数多くの実績をあげた。2017年、「事件を取り締まるのではなく、犯罪を生まない環境をつくりたい」という思いから埼玉県警を退職。現在は、多数のテレビ番組にコメンテーター、デジタル犯罪防止アドバイザーとして出演するほか、一般社団法人スクールポリス理事を務め、小中高生らが巻き込まれる犯罪を防止するための講演など、幅広い活動を行っている。

元《もと》捜査《そうさ》一課《いっか》刑事《けいじ》が明《あ》かす手口《てぐち》
スマホで子《こ》どもが騙《だま》される

2021年2月20日　第1刷
2021年8月1日　第2刷

著　　者　佐々木成三《ささきなるみ》

発 行 者　小澤源太郎

責任編集　株式会社 プライム涌光
電話　編集部　03(3203)2850

発 行 所　株式会社 青春出版社
東京都新宿区若松町12番1号 〒162-0056
振替番号　00190-7-98602
電話　営業部　03(3207)1916

印　刷　中央精版印刷　　製　本　大口製本

万一、落丁、乱丁がありました節は、お取りかえします。

ISBN978-4-413-23191-6 C0030